Albert Duncker

Der Freiherr vom Stein und die deutsche Frage

Albert Duncker

Der Freiherr vom Stein und die deutsche Frage

ISBN/EAN: 9783742867681

Hergestellt in Europa, USA, Kanada, Australien, Japan

Cover: Foto ©ninafisch / pixelio.de

Manufactured and distributed by brebook publishing software
(www.brebook.com)

Albert Duncker

Der Freiherr vom Stein und die deutsche Frage

Der Freiherr vom Stein

und

die deutsche Frage

Hanau.

Verlag von Friedr. König's Sortimentsbuchhandlung.

Joh. Ph. Klein.

1873.

Aus naheliegenden Motiven hat man gerade in jüngster Zeit der Behandlung der deutschen Frage auf dem Wiener Congresse wieder größere Aufmerksamkeit zugewendet. Von Neuem hat man wiederholt darauf hingewiesen, wie jede der verbündeten Großmächte damals mehr Ersatz für ihre Opfer erhielt, als Preußen. Die Gründe für diese Zurücksetzung werden in den verschiedensten Ursachen gesucht: im allzuraschen Abschluße des Vertrags von Kalisch, ohne daß man gute Garantien für Preußens künftige Gestaltung erlangt hatte, in der Schaukelpolitik Hardenbergs, dem Neide Oesterreichs, dem Haße der Rheinbundskönige, dem englisch-hannöverischen Einfluße, der Furcht Rußlands vor einem starken Deutschland unter Preußens Führung. Wer möchte leugnen, daß jeder dieser Gründe die Berechtigung habe geltend gemacht zu werden? Gibt uns doch die Geschichte der eben verfloßenen Tage wieder hinreichende Belehrung darüber, daß das siegreiche Preußen keinen Freund unter den Nachbarn zählt. Lediglich die freund-schaftlichen Beziehungen des russischen Selbstherrschers zu unserem Regentenhause verhinderten, daß während des letzten großen Kampfes mit Frankreich die übrigen Großmächte ihrer Interventionslust die Zügel schießen ließen und den Erfolg der gewaltigen Anstrengungen und Opfer Preußens und seiner deutschen Bundesgenoßen auf das möglichst geringe Maß zu reduciren suchten. Die Politik jener Mächte ist jeder Vergrößerung Preußens gegenüber noch heute so ziemlich dieselbe, wie im Jahre 1815, und unser Sieg über Frankreich wesentlich darum ein so vollkommener, weil wir ihn ohne ausländische Verbündete errangen, mit denen wir um den Siegespreis hätten markten müßen. An den politischen Rück-sichten unserer Alliirten scheiterten nach den Freiheitskriegen die

1

Bestrebungen der edelsten Männer unseres Volkes, eines Wilhelm von Humboldt und Stein. Auf verschiedenen Wegen, aber von gleicher patriotischer Gesinnung erfüllt, suchten beide damals dasselbe hohe Ziel zu erreichen: ein starkes Deutschland mit verfaßungsmäßig gewährleisteten Volksrechten. Steins Stellung in jener Zeit war jedenfalls die eigenthümlichere. Während Humboldt als zweiter Vertreter Preußens auf dem Wiener Congreß erschien, trat Stein dort vollkommen selbstständig auf. Sein Charakter, seine Vergangenheit, der Einfluß, den er noch immer bei Alexander von Rußland genoß, verliehen ihm eine solche Bedeutung, daß er eine der hervorragendsten Persönlichkeiten jener großen Versammlung war, ohne als Minister irgend eines Staates bevollmächtigt zu sein. Dennoch hatte er eine Vollmacht und sie war beßer als die aller Andern: den Glauben des deutschen Volkes an seine Redlichkeit und Vaterlandsliebe. Er erscheint uns in jenen trüben Tagen so recht als der Repräsentant unserer Nation, die nach jahrhundertjährigem Schlafe endlich zu erwachen und wieder politisch zu denken beginnt. Seine Schritte zur Herstellung eines mächtigen und freien Vaterlandes sind daher unsicher, zum Theil auch inconsequent, die Politiker von heute belächeln sie, weil sie nie die Möglichkeit zeigen, das gesteckte Ziel zu erreichen. Dank hat ihm sein Streben schon bei der Mitwelt nicht gebracht, geschweige denn bei der Nachwelt, die jetzt sogar hin und wieder geneigt ist, ihm mit die Schuld zuzuschieben, daß wir nicht schon 1815 erreichten, was 1871 erreicht ward. Man geht so weit, ihm Unterschätzung der Bedeutung Preußens und der Kraft des deutschen Volkes vorzuwerfen, als er in der Kaiserfrage als Führer der Kleinstaaten für Oesterreich auftrat.[1]) Mag man nun auch mit Recht gerade diesen Schritt als einen der schwächsten in seiner staatsmännischen Laufbahn ansehen, so hüte man sich doch davor, die Größe der Motive, aus denen er hervor-

---

[1]) Const. Rößler in der „Zeitschrift für preußische Geschichte und Landeskunde.“ IX, 79.

gieng, anzuzweifeln. Schon er selbst hat durch seine späteren An=
schauungen diesen Versuch der Neubegründung des habsburgischen
Kaiserthums verurtheilt.[1]) Aber die Vorwürfe gegen sein Ver=
halten in dieser Frage dauern fort, weil man, durch seine groß=
artige Persönlichkeit geblendet, von jeher an alle seine Leistungen
den höchsten Maßstab anzulegen gewohnt ist. Man vergißt, daß
Stein der Reformer und Agitator weit höher steht als Stein
der schöpferische Politiker. Ein Ueberblick über seine An=
sichten von der deutschen Frage vor dem Wiener Congresse und
eine Schilderung der Verhältnisse, unter denen er der Förderer
der Kaiseridee wurde, werden am besten dazu dienen, sein Auf=
treten in dieser Angelegenheit im richtigen Lichte erscheinen zu
laßen.

Steins erstes ausführlicheres Projekt zur Neugestaltung der
deutschen Verfaßung datirt aus dem Jahre 1811, wo er, von
Napoleon geächtet und seiner Güter beraubt, zu Prag verweilte.
Im Angesichte der Gefahr, durch das Machtgebot des Thrannen
auch aus seinem letzten Zufluchtsorte auf dem Continent ver=
jagt zu werden und mit dem Plane einer Uebersiedelung nach
England, dem damals einzigen Sitze der Freiheit, beschäftigt, trug
er sich nichtsdestoweniger ununterbrochen mit Gedanken über die
Gestaltung der Zukunft Deutschlands. Inmitten der allgemeinen

---

[1]) Leider hat Stein in seiner Selbstbiographie die Darstellung seiner Thätig=
keit auf dem Wiener Congresse, offenbar absichtlich, übergangen. S. Pertz,
Leben des Ministers Freiherrn vom Stein V, Beilage 28. Warum er
schwieg, möchte sich aus einer Aeußerung gegen Hans v. Gagern ergeben,
die er in einem Briefe vom 15. März 1825 thut. Dort sagt er dem
Freunde: Sie wollen also das politische Treiben und Zerren
der Jahre 13, 14 und 15 darstellen — und Sie wollen
wahrscheinlich die Wahrheit aussprechen? Aber dürfen
Sie es?? In den Briefen an Gagern (abgedruckt in dessen „Antheil
an der Politik" IV.) fehlen die Jahre 1814—16, weil in dieser Zeit beide
Staatsmänner in Wien, Paris und Frankfurt zusammen waren und ihre
Ideen mündlich austauschen konnten. Gagern, Antheil IV, 47.

Muthlosigkeit der Patrioten fand in seiner Seele kein Gefühl der Verzagtheit Raum. Sein Vertrauen, daß der Sturz des Gewaltigen kommen werde, und zwar bald, stand felsenfest. Daher behandelt er in einem Briefe[1]) an den hannöverischen Staatsminister Grafen Münster zu London, datirt vom 6. October 1811, die deutsche Frage wie Etwas, dessen Inangriffnahme für die nächste Zeit sich von selbst verstehe. Er geißelt in diesem Schreiben aufs Schärfste die Erbärmlichkeit der deutschen Fürsten, der Schildknappen Napoleons, und hebt die in den Herzen der Vaterlandsfreunde wohnende Sehnsucht „nach einer Verfassung auf Einheit, Kraft, Nationalität gegründet" hervor. „Jeder große Mann, der sie herzustellen fähig wäre, würde der Nation, die sich von den Mittelmächten abgewendet hat, willkommen sein." Von der Wiederherstellung der alten Verfassung auf den Grundlagen des westphälischen Friedens kann er natürlich kein Heil erwarten. Die ungeheure Schwierigkeit der Lösung der Frage ist ihm vollständig klar. „Das Bundesverhältniß muß fester geschlossen werden, das kindische Puissanziren der einzelnen Mächte aufhören." Was jedoch an die Stelle des früheren Zustandes treten soll, weiß er nicht anzugeben. Er steht indessen hier noch vollständig auf dem Boden der Reichsidee. Am bezeichnendsten für seine Wünsche sind die Worte: „Könnte ich einen Zustand wieder herzaubern, unter dem Deutschland in großer Kraft blühte, so wäre es der unter unseren großen Kaisern des 10. bis 13. Jahrhunderts, welche die deutsche Verfassung durch ihren Wink zusammenhielten und fremden Völkern Schutz und Gesetze gaben." Hier sehen wir zum ersten Male Stein den Idealisten, der für die Herrlichkeit des römisch=deutschen Kaiserthums schwärmt, als ob ihm dessen selbst in seinen besten Tagen hervortretende Schwächen unbekannt wären. Daß dies keineswegs der Fall war, er vielmehr

---

[1]) Mitgetheilt bei Pertz III, 45 ff.

sonst mit ungetrübtem Blicke seines Volkes Vergangenheit zu betrachten wußte, bezeugt eine Stelle in einem Actenstücke, das von
ihm unter sehr veränderten Verhältnissen fast ein Jahr später als
jener Brief an Münster abgefaßt wurde. Man beabsichtigte damals russischerseits durch eine Landung in Deutschland dieses zu
insurgiren und dadurch im Rücken des in Rußland eingedrungenen
französischen Heeres eine wirksame Diversion zu machen. Eine
Erörterung der Frage über Deutschlands Zukunft erschien in diesem
Augenblicke dem russischen Cabinet von Interesse. So entstand
Steins „Denkschrift über Deutschlands zukünftige
Verfassung."[1] Dieses Memoire läßt uns schon deutlicher
seines Autors Ansichten über die demnächstige Gestaltung unseres
Vaterlandes erkennen. Der Geschichte seiner Entstehung eingedenk, be-
trachtet es natürlich vielfach die Einigung Deutschlands aus dem
russischen Gesichtspunkte. So z. B. wenn es darin heißt: „Die
Ruhe Europas erheischt, daß Deutschland so eingerichtet sei, daß
es Frankreich widerstehen, seine Unabhängigkeit erhalten, England
in seine Häfen zulassen und der Möglichkeit Französischer Ein-
fälle in Rußland zuvorkommen könne. Diesen Zweck kann man
erreichen:

1) entweder durch die Vereinigung Deutschlands zu einer
   Monarchie
2) oder wenn man es nach dem Laufe des Mayn zwischen
   Preußen und Oesterreich theilt,
3) oder indem man in diesen beiden großen Theilen einige Länder, wie z. B. Hannover u. a. unter einem Bündniß ·mit
   Oesterreich und Preußen bestehen läßt.

Jede dieser Einrichtungen würde Deutschland mehr Kraft
geben; die Herstellung der alten Deutschen Verfassung
hingegen halte ich für unmöglich und wenig wün-
schenswerth." Und nun folgt die Stelle, aus der klar hervorgeht, daß Stein für die Uebel, an denen das deutsche Reich

---

[1] Bei Pertz III, 140 ff.

schon seit Jahrhunderten krankte, nichts weniger als blind war. Denn er sagt dann weiter: „Diese Verfassung war nicht das Ergebniß des Willens der Nation; sie verdankt ihren Ursprung den verderblichen Ränken der ehr= geizigen Päpste, der Treulosigkeit und dem auf= rührerischen Geiste der Deutschen Fürsten, dem Ein= fluß fremder Mächte." Nach einem historischen Ueberblicke über die Gründe der Zerrißenheit Deutschlands fährt er fort: „Wenn wir ernstlich diesen Plan (d. h. der Wiederherstellung der alten Verfaßung) haben, so müßte man Oesterreich seinen Einfluß, seine Obergewalt wiedergeben, Preußen, Bayern verkleinern, die geist= lichen Fürsten, die Reichsritterschaft, die Reichsstädte, die Reichs= gerichte wiederherstellen; denn nur mittelst dieser Federn war es dem Kaiser möglich, eine so unvollkommen eingerichtete Regierung, wie das Deutsche Reich war, in Bewegung zu setzen." Nachdem er darauf nochmals die Unmöglichkeit der Wiederherstellung dieser alten Verfaßung betont und noch entschiedener sich gegen diejenige ausgesprochen hat, welche 1802 unter dem Einflusse Frankreichs zu Stande gekommen war, kehrt er wieder zu dem Ideal zurück, das ihm schon in dem Briefe an Münster vorgeschwebt hatte. Denn er sagt: „Statt die Deutsche Verfassung des Westphälischen Friedens herzustellen, würde es dem allgemeinen Besten Europas und dem besonderen Deutschlands unendlich angemessener sein, die alte Monarchie wieder aufzurichten, ein Reich zu bilden, welches alle sittlichen und physischen Bestandtheile der Kraft, Freiheit und Aufklärung enthielte und dem unruhigen Ehrgeize Frankreichs wider= stehen könnte." Unter der „alten Monarchie" versteht er hier offenbar eine Wiederherstellung der Kaisergewalt, wie sie von den Ottonen, den Saliern und den ersten Hohenstaufen ausgeübt wurde. Es leuchtet ihm jedoch sofort wieder ein, daß bei der Existenz zweier Großmächte in Deutschland die „Herzauberung" eines solchen Zustandes ein Ding der Unmöglichkeit sei. So kommt er am Schluße seiner Denkschrift zu diesem Resultat: „Die Wie= derherstellung der alten Monarchie ist unmöglich; aber selbst dann

würde die Theilung Deutschlands zwischen Oesterreich und Preußen
der Herstellung der alten Verfassung vorzuziehen sein, selbst wenn
man um die Eigenliebe zu schonen, die Länder der vertriebenen
Fürsten bestehen lassen müßte, indem man sie mit dem Theile
Deutschlands, worin sie eingeschlossen sind, in ein Bundesverhältniß
brächte." Eine weitere Ausführung dieses letzten Vorschlags gab
er den 1. November 1812 dem von St. Petersburg nach London
zurückkehrenden englischen Gesandten Lord Walpole mit.[1]) Darin
will er Baiern, Württemberg und Baden auf die Gebiete und
Würden, welche sie vor 1802 besaßen, beschränkt und zu Oesterreich
in das Verhältnis großer Vasallen gebracht haben. Aus dem
Uebrigen solle man ein Königreich Süddeutschland unter öster-
reichischer Herrschaft bilden, das eine Verfaßung erhielte „da
die wesentlichen Bestandtheile dieses Landes seit unvordenk-
lichen Zeiten einen Grad von Freiheit genossen haben, deren
völliger Verlust ihnen eine autokratische Regierung, selbst eine
methodisch eingerichtete, äußerst unangenehm machen würde. Auf
gleiche Weise würde Norddeutschland eingerichtet, verfassungsmäßiges
Königreich, große Vasallen Hannover, Hessen, Braunschweig, Olden-
burg, abhängig vom Königreich, aber nicht dessen Bestandtheile."
Diese Vorschläge für die künftige Gestaltung Deutschlands sind
ohne Zweifel die schwächsten, welche Steins Kopfe je entsprungen
sind. Sie scheinen von der Noth des Augenblicks eingegeben, wo
die Vernichtung des französischen Heeres in Rußland noch sehr
zweifelhaft, an der thatkräftigeren Bundesgenoßenschaft Englands
aber Alles gelegen war. Aber selbst dort fand der Entwurf weder
bei dem Regenten noch bei seinem hannöverischen Minister Billigung,
da die welfische Dynastie dabei zu kurz wegkam, der Münster
als Entschädigung für ihre Verluste unter Heinrich dem Löwen
den Besitz der Länder zwischen Schelde und Elbe zugedacht hatte.
Dem verhaßten Preußen auf diese Weise im Norden Deutschlands
die Spitze zu bieten war der höchste Wunsch dieses Staatsmannes.

---

[1]) Bei Pertz III, 202 ff.

Für den Augenblick aber erhielt sein hannöverischer Partikularis-
mus eine Lektion, wie sie nicht derber sein konnte. Denn Stein
schrieb ihm den 1. December:[1]) „Es ist mir leid, daß Euer Excellenz in mir den Preußen vermuthen, und in sich den Hannove-
raner entdecken — ich habe nur ein Vaterland, das heißt
Deutschland, und da ich nach alter Verfassung nur
ihm und keinem besonderen Theil desselben ange-
hörte, so bin ich auch nur ihm und nicht einem Theil
desselben von ganzem Herzen ergeben. Mir sind
die Dynastien in diesem Augenblick großer Entwicklung vollkommen gleichgültig, es sind blos
Werkzeuge; mein Wunsch ist, daß Deutschland groß
und stark werde, um seine Selbstständigkeit, Unabhängigkeit und Nationalität wieder zu erlangen
und beides in seiner Lage zwischen Frankreich und
Rußland zu behaupten; das ist das Interesse der
Nation und ganz Europas; es kann auf dem Wege
alter zerfallener und verfaulter Formen nicht erhalten werden." Und weiter schreibt er: „Mein Glaubens-
bekenntniß finden Euer Excellenz in der Anlage (der Denkschrift an Kaiser Alexander), es ist Einheit; ist sie nicht
möglich, ein Auskunftsmittel, ein Uebergang. Setzen
Sie an die Stelle Preußens, was Sie wollen, lösen Sie es auf,
verstärken Sie Oesterreich mit Schlesien und der Churmark und
dem Nördlichen Deutschland mit Ausschluß der Vertriebenen, re-
duziren Sie Bayern, Württemberg und Baden, als die von Rußland begünstigten, auf das Verhältniß vor 1802, und machen
Oesterreich zum Herrn von Deutschland, ich wünsche es, es
ist gut, wenn es ausführbar ist; nur denken Sie nicht an
die alten Montaigues und Capulets und an diese Zierden alter
Rittersäle; soll sich der blutige Kampf, den Deutschland 20 Jahre unglücklich bestanden, und zu dem es

---

[1]) Bei Pertz III, 224 ff.

jetzt wieder aufgefordert wird, mit einem Possenspiel endigen, so mag ich wenigstens nicht Theil daran nehmen, sondern kehre in das Privatleben
freudig und eilig zurück." Wie wenig jedoch dieser für
Steins damalige Anschauungen charakteristische Brief bei Münster
fruchtete, ergibt sich aus dessen Antwort vom 4. Januar 1813,
aus der wir nur einige heute besonders interessante Stellen her-
vorheben. Der hannöverische Minister schreibt:[1]) „Sie sagen, daß
Ihnen die Dynastien gleich sind! Mir sind sie es nicht. Es
herrscht in ihnen ein Geist, den man durch Jahrhunderte verfolgen
kann. Lesen Sie, was J. Müller in seinem „Fürstenbund" über
das Guelphische Haus sagt: „Soll ich des Ruhmes der Guelphen
gedenken, deren ungebeugter Heldensinn ihren Namen zum Signal
der Freiheit gemacht hat u. s. w. Selbst England ist nie so frei
als unter den drei Georgen gewesen, und der vierte bringt denselben Sinn auf den Thron. Vergleichen Sie damit den Preußischen Prügel und Ladestock! Ich verehre Friedrich
den Großen, aber er hat den Ruin Deutschlands
durch seine Vergrößerung herbeigeführt und den
seines Staats dadurch, daß er einen Körper gezeugt
hatte, den nur ein großer Geist beleben konnte, der
mit ihm schied. Als ich dem Regenten die erwähnte Stelle
Ihres Briefes zeigte, sagte er: „Wenn Stein die Dynastien
gleichgültig sind, warum nennt er nicht uns statt Preußen?" Die
Frage möchte auch ich thun." Dann folgen einige Ausfälle auf
Friedrich Wilhelm III. und seine Umgebung, die Verwerfung der
verschiedenen Vorschläge Steins für Deutschlands Neugestaltung
und darauf der für Münsters Preußenhaß bezeichnende Passus:
„Preußens Macht lebt nur noch in der Erinnerung.
Sie mag zwischen der Weichsel und Elbe als Macht
der zweiten oder dritten Größe aufstehen. Warum
sollte Rußland nicht die Weichsel als Lohn seiner

---

[1]) Bei Pertz III, 240 ff.

Thaten erhalten?" Nachdem dann Stein nochmals auf die früheren Vorschläge des Schreibenden über die Bildung eines großen, natürlich für das Welfenhaus bestimmten, Staates in Nordwestdeutschland aufmerksam gemacht ist, schließt der Brief mit einer Lobpreisung der kleinen Höfe wegen der Segnungen, die Deutschland durch ihre Existenz in Hinsicht auf „Wissenschaft, Cultur und Wohlstand" erfahren habe.

Diese Correspondenz ist bezeichnend für den Gegensatz der beiden bedeutenden Männer in der Behandlung der deutschen Frage. Die darin ausgesprochenen Ansichten dienten ihnen in der nächst-liegenden Zeit ihres staatsmännischen Wirkens, namentlich auf dem Wiener Congreß, großentheils als Richtschnur. Beiden blieben die schmerzlichsten Enttäuschungen nicht erspart. Doch gebührt Stein der Ruhm, auch im späteren Leben nichts von seinen Principien aufgegeben zu haben, während Münster aus einem eifrigen Ver-theidiger der kleinen Souveränetäten ihr ebenso entschiedener Gegner ward.[1])

Im Januar 1813 aber erschienen Steins trübe Ahnungen von dem „Possenspiel, mit dem sich der blutige Kampf Deutsch-lands endigen solle," der Verwirklichung ferner als jemals. Seit jenem Briefe an Münster vom 1. December hatte sich die Lage der Dinge gänzlich verändert. Der Rückzug der Franzosen war in vollständige Flucht ausgeartet, nur elende Trümmer der großen Armee auf befreundetes Gebiet entkommen. Abtheilungen des russischen Heeres hatten bereits die preußische Grenze überschritten, York durch die Convention von Tauroggen den ersten Anstoß zu Deutschlands Befreiung gegeben. Münsters Brief traf den Freund

---

[1]) Pertz IV, 240 und 585, Anm. 3. Das harte Urtheil Schlossers über Münster (Geschichte des 18. Jhdts. u. s. w. VII, 924) wird heute noch ebenso wenig Anhänger finden, als die enthusiastischen Lobeserhebungen seines Biographen in den „Lebensbildern aus dem Befreiungskriege I." Am richtigsten, weil am gemäßigtsten, hat Pertz über seine Pläne ge-urtheilt III, 239.

nicht mehr in St. Petersburg. Bereits am Abend des 5. Januar hatte Stein diese Stadt verlaßen und war mit Alexanders
ausgedehnten Vollmachten nach Königsberg geeilt. Die glän-
zende, früher mehrfach angefochtene, neuerdings aber richtiger ge-
würdigte Thätigkeit, die er dort entwickelte, haben wir nicht in
den Kreis unserer Erörterung zu ziehen, ebensowenig sein Mitwirken
beim Abschluße des Vertrags von Kalisch, worüber sehr ver-
schieden, in jüngster Zeit wohl allzuhart geurtheilt worden ist.¹)
Mag sein, daß Stein bei jenen Verhandlungen weniger Preußens
Größe als Deutschlands Befreiung im Auge gehabt hat, wie er
dies auch selbst später zugab,²) wer wollte heute noch darob mit
ihm rechten? „Wie ist es möglich, ruft schon sein Zeitgenoße
Hans von Gagern aus, in so erschütterter verhängnißvoller
Zeit alles nach gemeinem Maßstabe zu messen? Die Zukunft wird all denen Gerechtigkeit wiederfahren laßen, die an ihrem
Vaterland nicht verzweifelten, und von Groll, Unmuth, Kühnheit,
Hoffnung, stolzem Sinn dahin gerißen, hülfreiche Hand leisten
wollten. Stein, Albini, Braunschweig, Schill und York und Dörn-
berg, und der Erzherzog Johann und Hofer und Schneider, Hor-
mayr und Speckbacher, ohne Unterschied der Geburt und des
Standes, und der Breite der Wirksamkeit! Es waren lediglich
die nothwendigen Symptome der geänderten Sinnesart: Wir
wollen sämmtlich durchaus! Wehe dem, der zurückbleibt,
oder es falsch meint!"³) Doch wenn wir auch jenes Vorwurfs
und seiner Widerlegung mit wenigen Worten gedenken zu müßen
glaubten, so kann es doch hier nicht in unserer Absicht liegen, näher
auf diese Frage einzugehen. Für unsere Betrachtung handelt es

---

¹) In einem Aufsatze von W. Maurenbrecher: „Die deutsche Frage
1813—1815" (Preuß. Jahrbücher XXVII, 39 ff.) Dort heißt es S. 45
sogar: „Wir dürfen es nicht verhehlen, dieser Abschluß war eine Ueber-
eilung und gerade Stein hat Preußen damit schwer geschädigt."
²) In s. Selbstbiographie. Pertz V, Beil. 28, 183 und in einem Briefe
an Gagern vom 1. Mai 1826. Gagern, Antheil IV, 167.
³) Gagern, Antheil I, 209.

sich jetzt darum, welche Ansichten über Deutschlands Neugestaltung unser Staatsmann nach Abschluß des Kalischer Bünd-
nisses in Berücksichtigung des Fortgangs der Ereignisse vertrat.
Hier fällt uns zunächst seine Stellung zu dem Teplitzer Vertrage ins Auge, den am 9. September 1813 die Verbündeten von
Kalisch mit Oesterreich schlossen. Er war eine bittere Nothwendigkeit dieser Vertrag, denn die Schlachten von Großgörschen und
Bautzen hatten bewiesen, daß trotz aller Begeisterung Preußen
und das durch den Feldzug von 1812 sehr geschwächte Rußland
mit dem gewaltigen Gegner allein nicht fertig werden würden. So
trat denn Oesterreich und mit ihm Metternichs Politik in die
Action ein. Sein Eingreifen war auf diplomatischem Gebiete nicht
weniger entscheidend als auf militärischem. Während man in dem
Breslauer Vertrage vom 19. März, den Stein und Nesselrode
als russische, Hardenberg und Scharnhorst als preußische Bevollmächtigte abgeschlossen hatten, sich hinsichtlich der Zukunft der noch
auf Napoleons Seite kämpfenden deutschen Staaten freie Hand
behalten hatte, mußte man jetzt auf Oesterreichs Verlangen den
Fürsten des aufzulösenden Rheinbundes völlige Unabhängigkeit zu-
gestehen.[1]) Der Idee einer einheitlicheren Organisation des Gesammtvaterlandes, mit der sich Stein nebst so vielen Patrioten
seither getragen hatte, war damit ein gewaltiger Stoß versetzt,
seine Thätigkeit als Präsident des Centralverwaltungsraths der zu
befreienden deutschen Länder von vorneherein gelähmt. Wie berechtigt sein grimmiger Haß gegen die Rheinbundskönige war und
wie richtig er gerade in ihnen die Hemmschuhe der vaterlän-

---

[1]) Es ist höchst wahrscheinlich, daß in den „geheimen und besonderen" Artikeln
des Teplitzer Vertrags, die den 12 veröffentlichten beigefügt waren und
nicht bekannt geworden sind, eine Vereinbarung zwischen Preußen und
Oesterreich über Nichtwiederherstellung der deutschen Kaiserwürde getroffen worden ist. S. „Diplomatische Geschichte der Jahre
1813—1815" I, 294 und 301 ff., wo auch die über diesen Punkt zwischen
Hardenberg und Münster geführte Correspondenz der Hauptsache nach aus
Lord Castlereaghs Denkschriften IV, 33—38 mitgetheilt ist.

difchen Entwicklung erkannte, lehrte die Zukunft. Auch fein weiterer
damaliger Wunfch, daß man jetzt wenigftens vorläufige Ver=
abredung treffe über die deutfche Verfaßung, ward nicht erfüllt.
Seinen früheren Gedanken einer Mainlinie hatte er aufgegeben
und bereits im Auguft gleichzeitig mit Wilhelm von Hum=
boldt einen Entwurf zu dem von Preußen vorgefchlagenen
deutfchen Bunde ausgearbeitet, der diefes mit den Kleinftaaten
und Oefterreich umfchließen follte,[1]) aber unter diefen Umftänden
gar nicht zur Berathung kam. Schon in diefer Zeit macht fich ein
ftarkes Schwanken in feinen Anfichten bemerklich.[2]) Denn bereits
im September neigte er fich wieder der Wiederherftellung der
Kaiferwürde, einer Verbeßerung des Reichstags und der Reichs=
gerichte zu. Die Fürften follten zur Ertheilung ftändifcher Ver=
faßungen in den Einzelftaaten gehalten fein. Während die preu=
ßifchen Staatsmänner, Hardenberg und W. v. Humboldt, fich
der letztgenannten Idee nicht abgeneigt zeigten, wollten fie dagegen
von Wiederaufleben von Kaifer und Reich nichts wißen. Doch
fchien Stein das Haupthindernis eines gedeihlichen Fortganges der
deutfchen Angelegenheiten damals noch mehr Metternich zu fein,
über den er von Prag aus an Münfter fchrieb:[3]) „Erwarten Sie
von ihm keine großen Anfichten, er fteckt fich das Ziel nahe, um
auf die bequemfte und kürzefte Art die Sache einftweilen auszu=
flicken." Mit jenem Freunde führte er außerdem zu jener Zeit eine fehr
intereffante Correfpondenz über die Art, wie der Kaiferwürde Gewicht
beizulegen fei: „Kraft zum Widerftand nach außen, fagt er in dem=
felben Briefe, im Innern Sicherheit des Eigenthums und des Lebens
für den Einzelnen müffen die Hauptpunkte, Verftärkung der Macht
des Kaifers, von Preußen, Verminderung der Macht der Stände
(d. h. der Fürften im Verhältnis zur Reichsverfaßung), Zerftörung

[1]) Pertz III, 415 f. Vgl. auch R. Haym: „Wilhelm von Humboldt."
310 ff.

[2]) S. feine Selbftbiographie bei Pertz V, Beilage 28. S. 187.

[3]) Den 16. Sept. 1813. Pertz III, 417 ff.

des Rheinbundes und aller französischen Einrichtungen müssen die
Mittel (der Erhaltung und Gründung einer festen Ordnung der
Dinge in Deutschland) sein." Münster billigte zum Theil diese
Ideen, über manche sprach er sich nicht aus, wie namentlich über
den ihm widerwärtigen Gedanken einer Verstärkung der preußischen
Macht. Seinerseits betonte er namentlich die Stellung, die man
dem Kaiser als Reichsoberfeldherrn zu geben habe und plaidirte
für eine im Vergleich zu den früheren Zuständen strenge Unter=
ordnung der gesammten Militärmacht des Reichs unter das
Reichsoberhaupt.

Die vorher geschilderten politischen Verhältnisse, noch mehr aber
der Drang der Kriegsereignisse verwiesen jedoch diese Gedanken
ebenso wie den preußischen Vorschlag eines Bundes einstweilen in
das Gebiet der frommen Wünsche. Steins Bemühungen durch
eine persönliche Unterredung mit Alexander von Rußland
zu Frankfurt am Main feste Versprechungen über Deutsch=
lands künftige Gestaltung zu erlangen, waren ebenfalls vergeblich.
Sie führten wohl zu seiner berühmten Antwort[1]) auf des Czaren
Bemerkung von der Heirathsversorgung russischer Großfürsten und
Großfürstinnen durch das Fortbestehen der kleineren deutschen Höfe,
aber auch zu weiter keinem Resultat.

Noch abkühlender mußte die Kunde von der Aeußerung auf
ihn wirken, die Metternich den 8. November 1813 ebenfalls zu
Frankfurt gegen den französischen Gesandten St. Aignan über die
Werthlosigkeit der deutschen Kaiserkrone für Oesterreich gethan hatte.[2])
Dazu kam, trotz aller seiner Sympathien für das historische Recht,
entschiedene Abneigung gegen das damalige Haupt des Hauses
Habsburg=Lothringen und seinen Premierminister. Und wie sehr
mußte sich gerade in Frankfurt diese Abneigung vermehren, wo es
schließlich Steins hauptsächlichste Aufgabe wurde, den von Oester=
reich projektirten faulen Frieden mit Napoleon zu verhindern und

[1]) Wolzogen, Memoiren 239.
[2]) Pertz III, 463.

den Kaiser Alexander zur Ueberschreitung des Rheins zu bestimmen, wie er ihn früher zum Uebergang über Niemen und Weichsel bestimmt hatte.[1]) So finden wir es erklärlich, daß er, als auf französischem Boden die deutschen Angelegenheiten wieder ernsthaft zur Sprache kommen, sich mit dem Aufgeben der Kaiseridee ganz ausgesöhnt zu haben scheint.

Dem Teplitzer Vertrag folgte der von Chaumont (1. März 1814), in dem die Alliirten sich, nachdem Oesterreich lange geschwankt, zur energischen Fortsetzung des Krieges einigten. Außerdem aber war dieses Bündnis für die Zukunft unseres Vaterlandes von der höchsten Wichtigkeit, weil darin zum ersten Male sich officiell von den Verbündeten über Deutschlands künftige Verfaßung ausgesprochen wurde. Durch den ersten geheimen Artikel[2]) ward nämlich bestimmt, Deutschland solle aus unabhängigen Staaten bestehen, welche durch einen fortwährenden Bund miteinander vereinigt sein sollten. Damit schien denn Steins Kaiserprojekt völlig über Bord geworfen zu sein. Er war darüber keineswegs aufgebracht, da ihm, wie wir sahen, schon längst ernste Bedenken über die Durchführbarkeit seiner Ideen gekommen waren. Bereit, wie immer, wenn es galt, zum Heile des Vaterlandes zu wirken, arbeitete er nun, auf seiner im August 1813 entstandenen Arbeit fußend, sofort den Entwurf einer Verfaßung des neuen deutschen Bundes aus. Den 10. März übergab er eine darauf bezügliche Denkschrift dem Staatskanzler von Hardenberg und dem Grafen Münster, der als englisch-hannöverischer Bevollmächtigter das Heer der Alliirten begleitete, den 11. eine gleichen Inhalts dem Kaiser Alexander. Die Hauptpunkte, in welchen sich diese Steinsche Ver-

---

[1]) Pertz III, 481 u. Anm 101. Von der „unbegrenzten Verehrung" die Stein nach F. Lentners „Karl Freiherr v. Stein in Oesterreich." Wien 1873. S. 21 für das österreichische Herrscherhaus gehegt haben soll, ist hier wenigstens nichts zu verspüren. Uebrigens vgl. den Excurs.

[2]) Dipl. Geschichte d. J. 1813—1815 I, 406.

faßung von der späteren unterschied, die uns die Wiener Bundes=
akte gebracht hat, waren etwa folgende:[1])

Ein Direktorium, bestehend aus den vier mächtigsten
Staaten, Oesterreich, Preußen, Baiern und Hannover,
sollte die Exekutivgewalt erhalten. Die Leitung des Bundestages,
die Ausführung der von diesem gegebenen Gesetze, die Beauf=
sichtigung der Verfaßung und Justiz, der gegenseitigen Beziehungen
der Einzelstaaten, die auswärtige Vertretung, endlich das Recht
der Kriegserklärung und des Friedensschlußes sollten dem Direk=
torium zustehen. Von Geldmitteln sollten ihm die Einkünfte des
Rheinoktrois und aller an den Grenzen des deutschen Bundes zu
errichtenden Zölle sowie durch den Bundestag außerordentlich an=
zuweisende Auflagen überwiesen werden. Alle Binnenzölle
und Einfuhrverbote deutscher Staaten gegenein=
ander sollten aufgehoben werden. Die Bundesver=
sammlung sollte bestehen aus Abgeordneten der Fürsten und
Hansestädte mit Hinzufügung von Deputirten als
Vertretern der Provinzialstände der einzelnen
Staaten. Diese Abgeordneten werden jährlich zu
¹/₅ erneuert. Der jedes Jahr nur 6 Wochen versammelte
Bundestag, vor den die Bundesgesetzgebung, die Auflagen für
Bundeszwecke, die Entscheidung der Streitigkeiten zwischen Bundes=
gliedern und zwischen Fürsten und Unterthanen gehören, ernennt
einen Exekutivausschuß. Die in Deutschland bestehenden mili=
tärischen Einrichtungen, die festgesetzte Zahl der Bundestruppen
u. s. w. werden beibehalten mit Rücksicht auf die durch den Frie=
denszustand erforderlichen Modifikationen. Jeder Bundes=
staat erhält Landstände, die jährlich behufs der Theilnahme
an der Landesgesetzgebung und der Verwilligung der Steuern zu=
sammentreten. Die Domainen werden zum Unterhalt der fürst=
lichen Häuser, die Abgaben für die erwähnten Zwecke verwendet.

[1]) Der französische Text bei Pertz „Denkschriften des Ministers Freih.
v. Stein über deutsche Verfassungen." S. 14—22.

Die Mediatisirten gehören zu den Ständen und erhalten standes-
herrliche Rechte. „Jeder Deutsche kann nur durch seine
natürlichen Richter verurtheilt werden und nicht
länger als 48 Stunden verhaftet sein, ohne ihnen
vorgestellt zu werden, damit sie über die Ursache
seiner Verhaftung entscheiden. Jedermann hat das Recht
auszuwandern, in jedem deutschen Lande nach seiner Wahl Civil-
oder Kriegsdienste zu nehmen. Jedem Einzelnen und jeder
Körperschaft steht das Recht zu, ihre Beschwerden
gegen die Behörden drucken zu lassen. Das Eigen-
thum der wissenschaftlichen und Kunstwerke wird ihren Urhebern
gewährt, die Nachbildung verboten und bestraft.“ Die Ausarbeitung einer auf solchen Grundlagen ruhenden Verfaßung sollte einer
Commission übertragen werden, in der sich neben andern hervorragenden Kennern deutscher Zustände auch Wilhelm von Humboldt
befände.

· Dieser Entwurf, dem man wahrlich nicht den Vorwurf des
Radikalismus machen kann, hat offenbar entschiedene Vorzüge vor
der ein Jahr später zu Wien wirklich vereinbarten Verfaßung des
deutschen Bundes. Seine Schattenseiten, namentlich in Bezug auf
die Exekutive, die Zusammensetzung der Bundesversammlung, die
Verwendung der Domaineneinkünfte u. s. w. sind zwar unverkenn-
bar, doch werden sie bei weitem durch die Lichtseiten überboten,
die in der Existenz einer Volksvertretung bei der Bundesversammlung und der Aufhebung der binnenländischen Zollschranken hervor-
treten. Pertz hat gewis Recht, wenn er meint,[1] daß durch eine
solche mäßige Theilnahme der Nation an der Berathung und
Durchführung der allgemeinen Angelegenheiten, wie sie Stein hier
vorschlug, das Nationalgefühl, das Bewußtsein der Zusammenge-
hörigkeit, das in den Rheinbundsstaaten so sehr dem Parti-
kularismus Platz gemacht hatte, wieder geweckt worden wäre und
man so die bekannten revolutionären Wallungen hätte vermeiden

[1] III, 562.

2

können, welche in den ersten Decennien unseres Jahrhunderts Deutschland in Unruhe versetzten. Die hier schon von Stein projektirte Gründung des Zollvereins wäre eine nationale That ersten Ranges gewesen. Während die übrigen Vorschläge des Chaumonter Entwurfs der Vergessenheit anheimfielen, nahm Preußen diesen großen Gedanken vierzehn Jahre später wieder auf und machte ihn für seine Politik nutzbar. Indem es mit den finanziellen zugleich die politischen Interessen der so mit ihm verbundenen Staaten an sich fesselte, legte es den Grund zu der Machtstellung, die es heute in Deutschland einnimmt.

Kehren wir jedoch zur Betrachtung des Fortgangs der Bestrebungen Steins zurück. Die Chaumonter Stipulation über die künftige deutsche Verfaßung fand auch im ersten Pariser Friedensvertrag Aufnahme, dessen VI. Artikel den Passus enthielt: „Les états de l'Allemagne seront indépendans et unis par un lien fédératif."[1]) Trotz der Intriguen Englands, das zur Verstärkung seines Einflußes auf dem Festlande in Deutschland eine möglichst große Zahl souveräner Mittelstaaten zu erhalten wünschte, trotz der Bemühungen Oesterreichs im Interesse seiner Machtstellung in Süddeutschland Baiern, den früheren Trabanten Napoleons, zu vergrößern, war er in Betreff der Ausführung seiner Entwürfe guten Muthes. Er empfahl noch dem russischen Kabinet warm den deutschen Entschädigungsplan Hardenbergs und kehrte im Juni 1814 nach Deutschland zurück, nachdem er Alexander das Versprechen gegeben hatte, zu Wien, wo man die deutschen Angelegenheiten definitiv regeln wollte, sich seiner Zeit zum Congresse einzufinden. Doch ruhte inzwischen seine Thätigkeit für die Neugestaltung Deutschlands keineswegs. Schon im Juli hatte er zu Frankfurt mit Hardenberg und dem ehemaligen Reichshofrathe, Grafen Solms=Laubach, einem bewährten Kenner deutschen Staatsrechts,[2]) darauf bezügliche Conferenzen. Der preußische Staatskanzler

[1]) Klüber, Acten des Wiener Congresses I, 1, 16.
[2]) Varnhagen von Ense, Denkwürdigkeiten des eigenen Lebens III, 244.

hatte einen Verfaßungsentwurf ausarbeiten laßen, der in wesent=
lichen Punkten von Steins Chaumonter Vorschlägen abwich. Na=
mentlich war darin eine der alten Reichsverfaßung nachgebildete
Eintheilung Deutschlands in Kreise bemerkenswerth.
Kreisobersten d. h. Vorstände des Kreises in bürgerlichen und mili=
tärischen Angelegenheiten, sollten die mächtigsten Fürsten werden.
Auf die mehrfachen Bedenken Steins gegen dieses Projekt, die er
auch den 16. Juli dem Staatskanzler schriftlich übergab,[1]) modificirte
dieser seine Vorschläge in der Weise, wie sie nachher unter dem Namen
des Hardenbergschen „Entwurfs der Grundlagen der
deutschen Bundesverfassung in 41 Artikeln" bekannt
geworden und am 13. September 1814 zu Baden bei Wien von
ihm dem Fürsten Metternich überreicht worden sind.[2]) Unter
Metternichs Censur erhielt der Entwurf indessen solche Verstüm=
melungen, daß seine Gestalt vollständig verändert wurde, bis man ihn
schließlich ganz zu den Acten legte. Wenn es nun auch hier nicht
unsere Absicht sein kann, eine ausführliche Kritik dieses
Schriftstücks zu geben, so müßen wir doch, wegen der, freilich nur
mäßigen, Theilnahme Steins an seinem Ursprunge, wenigstens einen
Blick auf einige seiner hauptsächlichsten Propositionen werfen.

Von österreichischen Ländern sollten nur Salzburg,
Thyrol, Berchtesgaden und dasjenige, was das Erz=
haus am Oberrhein erhalten würde, von Preußen
nur die früheren und noch zu empfangenden Be=
sitzungen links der Elbe diesem Bunde angehören. Diese
Abänderung des preußischen Vorschlags vom August 1813 war
offenbar durch die Bemerkungen Steins in den Entwurf gekom=
men, der sich ad § 3 des ihm von Hardenberg vorgelegten Planes
also hatte vernehmen laßen: „Die Deutsche Provinzen der Oester=
reichischen Monarchie und die Deutsche Provinzen der Preußischen
auf dem rechten Elbufer machen unter sich seit einem Jahrhundert

[1]) Perß IV, 43 ff.
[2]) Klüber, Acten I, 1, 45 ff. Schaumann, „Bildung des deutschen Bundes auf
dem Wiener Congresse" in Raumers hist. Taschenbuche 1850. S. 180 ff.

2*

ein eng verbundenes geschlossenes Ganze aus, das nicht ohne
Nachtheile in andere Formen (d. h. die neue Kreiseintheilung)
eingefaßt werden kann" und ferner: „Preußen und Oesterreich
blieben in ihren inneren Einrichtungen ohngestöhrt, und sie würden
Guarants der deutschen Verfassung."[1]) Nach dem Entwurf[2]) sollte
nun das verbündete Deutschland in sieben Kreise zerfallen. Dem
Rathe der Kreisobersten kam die Exekutive zu. Neben ihm stand
ein Rath der Fürsten und Stände, mit dem er gemeinschaftlich
die gesetzgebende Gewalt ausübte. Das Direktorium in dieser so
gebildeten Bundesversammlung führen gemeinschaftlich Oesterreich
und Preußen. Sind die Stimmen der beiden Räthe, die sich ähn-
lich wie zwei Ständekammern verhalten, getheilt, so steht die Entscheidung bei dem Direktorium. Ueber die Habeas-Corpusakte und
die Preßfreiheit sprach sich im Gegensatz zu Steins Vorschlägen
der Entwurf sehr unbestimmt aus. Augenscheinlich wollte man die
genaueren Festsetzungen dieser Punkte erst im Einverständnis mit
den übrigen Mächten treffen, von vorneherein ein übles Zeichen
für die Energie, mit der die preußischen Staatsmänner ihre An-
träge vertreten wollten. Unter den weiteren Bestimmungen ist
noch besonders diejenige bemerkenswerth, welche in jedem Bundes-
staate eine landständische Verfaßung verlangte. (Art. 7.) Ueber
gemeinsame Verwaltungsgegenstände hieß es in Art. 8: „Man
soll suchen, allgemein nützliche Einrichtungen und Anordnungen
zum Wohl des Ganzen herzustellen, als z. B. ein allgemeines Ge-
setzbuch, gleiches Münzwesen, eine zweckmäßige Regulirung der
Zölle, des Postwesens, Beförderung und Erleichterung des Han-
dels und wechselseitigen Verkehrs u. s. w." Stein aber war in
Bezug auf diese Punkte seit seinem Chaumonter Entwurfe, worin
er nur ein gemeinsames Zollwesen verlangt hatte, schon weiter vor-
geschritten. Denn er bemerkte zu diesem in sehr vagen Ausdrücken
gehaltenen Artikel einfach und bestimmt: „Gemeinschaftliche

---

[1]) Pertz IV, 44 u. 45.
[2]) Pertz IV, 49—65.

Bundes-Angelegenheiten sind: Handelseinschrän-
kungen, Münzsachen, Zollwesen, Postwesen. Diese
Verwaltungsgegenstände können dem einzelnen Lan-
desherrn nicht überlassen bleiben, ohne die Nachtheile einer zerstückelten und das Ganze stöhrenden
Maasregel zu erzeugen. Ganz Deutschland wird
in eine Menge kleine Zolldistricte, Postdistricte
u. s. w. aufgelöst und der National-Gewerbefleiß gelähmt werden." Ein weiteres Eingehen auf den Entwurf liegt
außerhalb der Grenzen unserer Darstellung. Sicher ist, daß er
hinter Steins Chaumonter Vorschlägen schon bedeutend zurückstand.
Daß er aber „in Hinsicht der Einheit Deutschlands
wie auch der Freiheitsrechte des Volkes" noch wesentlich
Beßeres enthielt, als was uns später der deutsche Bund gebracht
hat, ist erst neuerdings wieder anerkannt worden.[1]) Wie dem nun
sei, er war und blieb ein todtgeborenes Kind und vermehrte nur
das ohnehin schon so reiche „schätzbare Material" der Wiener Con-
greßverhandlungen.[2])

Für Stein trat nach dem Schluße der Frankfurter Conferenzen bis zur Eröffnung des Congresses eine Zeit der Ruhe von
den Staatsgeschäften ein, die er im Familienkreise zu Nassau
zubrachte. Sorglos war er darum aber doch nicht. Auf die Kunde
von französischer Einwirkung auf die süddeutschen Staaten richtete

---

[1]) W. Maurenbrecher in den Preuß. Jahrbüchern XXVII, 53.

[2]) Schaumann, Bildung des deutschen Bundes auf dem Wiener Congresse
in Raumers hist. Taschenbuche 1850, S. 180 sucht sich mit der Meinung, daß
der Entwurf „wohl nur als eine vorläufige Ansicht und nicht als Etwas
anzusehen sei, worauf die Politik unter jeden Umständen wieder zurückzukommen sich vorbehielt," über dessen auch ihm auffallende Schwächen hin-
wegzuhelfen. Uns scheint es doch mehr als zweifelhaft, daß ein Mann
wie Stein sich zum Mitveranlaßer eines derartigen Possenspiels hergegeben
hätte! In seiner Selbstbiographie, die bekanntlich große Animosität gegen
Hardenbergs Persönlichkeit und staatsmännisches Wirken zeigt, schweigt er
über diesen Entwurf ebenso wie über den von Chaumont.

er an den nationalgesinnten Kronprinzen von Württemberg, der ihn
während des Feldzugs von 1814 schätzen und lieben gelernt hatte,
die Aufforderung, diesen Intriguen kräftigst entgegenzuwirken.[1]) Er
hatte schon längst erkannt, daß man gegen das besiegte Frankreich viel zu
milde verfahren sei und daß jede französische Regierung, mochte sie nun
Bonaparte oder Bourbon heißen, an der möglichsten Verwäßerung
einer einheitlichen Organisation Deutschlands bald nach Kräften
arbeiten werde. Daß aber der eben durch Ströme des edelsten
Blutes bezwungene Feind sogar im Rathe der Mächte bei
der Neugestaltung unseres Vaterlandes mitsprechen werde, das
ahnte er freilich noch nicht. Er sollte es zu Wien zu seinem bit-
teren Schmerze erfahren. In dieser Stadt traf er, geleitet von
den Segenswünschen aller Patrioten, den 15. September 1814 ein.
Die großen Erwartungen, welche die Besten der Nation von seiner
Thätigkeit hegten, waren vollkommen gerechtfertigt. War er doch,
obschon ohne Stimme in den förmlichen Berathungen, wie ein
geistreicher Zeitgenoße[1]) treffend sagt, „durch seine Schicksale,
Wirksamkeit und Gesinnung überall eine Art Macht." Noch immer
stand er in hoher Gunst bei Alexander, der, ohne seine Ansicht
gehört zu haben, in deutschen Angelegenheiten keinen Schritt that.
Freilich der fast allmächtige Einfluß, den er auf dem Siegeszuge
vom Niemen bis zur Seine bei dem Kaiser besessen hatte, war seit
dem Einzuge in Paris dahin. Nicht als ob Differenzen irgend
einer Art das frühere herzliche Verhältnis beider Männer ge-
trübt hätten. Wir erwähnten, daß der Kaiser den Freiherrn
aufs dringendste zur Theilnahme am Congresse einlud. Aber seit
der Niederwerfung der Uebermacht Frankreichs war der Czar ein
anderer geworden. Man hat diesen Umschlag in seinen Gesinnungen
und Planen namentlich auf französischen Einfluß zurückzuführen gesucht. Möglich, daß die Schmeicheleien Talleyrands und seiner
Agenten und Agentinnen auf das leicht empfängliche Herz Alexan-

---

[1]) Pertz IV, 76.

[2]) Varnhagen von Ense, Denkwürdigkeiten des eigenen Lebens III, 241.

ders einigen Eindruck gemacht haben.[1]) Der wesentlichste Grund der mit ihm vorgegangenen Veränderung aber war sicher= lich, daß nun, nachdem kein Feind mehr zu fürchten, in ihm an die Stelle des Vorkämpfers für Europas Befreiung der russische Politiker getreten war. „Der Freiherr vom Stein, so spricht sich ein neuerer ausgezeichneter Geschichtschreiber[2]) aus, mußte ihm jetzt mehr und mehr entfremdet werden, da beide in so man= cher Beziehung ein ganz verschiedenes Ziel im Auge hatten. Stein wollte den allgemeinen Frieden, die Ruhe des Welttheils durch eine erweiterte und fest begründete Macht Deutschlands gesichert wissen. Ein solches Deutschland aber, das sicher auf eigener Macht ruhend, eines fremden Beschützers nie bedurft und fremde Ein= mischung nicht geduldet hätte, paßte nicht in die Weltordnungspläne des Kaisers Alexander. Hätte es doch Rußland vom Westen aus= geschlossen.“ Die Symptome dieser veränderten Stimmung seines kaiserlichen Gönners waren indessen in den Anfängen des Con= gresses für Stein noch weniger bemerkbar. Auch fand er gleich von vorneherein so viel anderen Grund zum Aerger, daß ihm keine Zeit zu ruhiger Beobachtung blieb. Denn seine Hoffnungen auf

---

[1]) In seiner derben Manier sagt darüber der alte E. M. Arndt „Meine Wanderungen und Wandlungen mit dem Reichsfreiherrn v. Stein“ 216 f.: „Aber nur bis Paris war Kaiser Alexander ganz und heil gekommen, in Paris ward der steinsche Alexander ungesund und zerrissen; es trat leider aus den listigen und blanken russischen und französischen Elementen seiner Natur und Erziehung jetzt etwas hervor, was von Steins Willen und Karakter am fernsten lag.“ Und ferner: „Das war es, das war die Ver= wandlung — in Paris war die französische Gewandtheit und Listigkeit, welche mit unendlicher Geduld und Kunst alle Maschinen und Geräthe des Trugs für ihre Vortheile aufzuspannen und zu benutzen versteht, so= gleich über ihn gekommen. Die Franzosen hatten sich sogleich den Waat= ländischen Schweizer, General la Harpe, der Alexanders Jugend erzogen hatte, zu solchem Gebrauch verschrieben; noch mehr sollten hier die him= melanstönenden Gebete und Seufzer frömmelnder alter Weiber helfen.“

[2]) Th. v. Bernhardi „Geschichte Rußlands und der europäischen Politik in den Jahren 1814 bis 1831. I, 5

Ordnung der Verhältnisse Deutschlands erlitten schon bald nach seiner Ankunft zu Wien einen harten Stoß. Die Behandlung der deutschen Verfassungs- und Gebietsfragen übernahmen nicht, wie er vorschlug, die drei Großmächte Oesterreich, Preußen und Hannover (d. h. England), wofür die Kleinstaaten sicher gestimmt hätten, sondern diese vereinigten sich mit den beiden ehemaligen Rheinbundskönigreichen B a i e r n und W ü r t t e m b e r g zu einem „C o m i t é." Dieser „F ü n f e r c o m m i s s i o n" wurden in ihrer ersten Sitzung (16. October) von Preußen, Oesterreich und Hannover die Grundzüge zu einer deutschen Verfassung in 12 Artikeln[1]) vorgelegt, wie sie aus den Conferenzen Metternichs und Hardenbergs hervorgegangen waren. Vom ursprünglichen Steinschen Plan, der schon, wie wir sahen, in Hardenbergs 41 Artikeln bedeutende Veränderungen erfahren hatte, war hier nichts mehr zu erkennen. Der Bund war auf a l l e deutschen Länder Oesterreichs und Preußens ausgedehnt, die von Hardenberg in Anregung gebrachte Kreiseintheilung beibehalten. Auch war es gewiß kein Fehler, daß der Rath der Kreisobersten um zwei Staaten (Baden und Kurhessen) verringert, damit also die Exekutive weniger zersplittert war. Dafür waren aber viele wichtige Bestimmungen gestrichen, wie namentlich das Beschwerderecht der Unterthanen bei dem Bunde, die Habeas-Corpusakte, die Preßfreiheit, Sicherheit des literarischen Eigenthums u. s. w. Allein auch dieses Elaborat stieß auf den heftigsten Widerstand. Steins Befürchtungen, daß die beiden süddeutschen Staaten, namentlich Baiern, durch den hochfahrenden Wrede vertreten, Unkraut unter den Weizen säen würden, giengen vollständig in Erfüllung. Die Fünfercommission tagte von Mitte October bis zum 16. November, ohne daß man, aller Bemühungen Oesterreichs, Preußens und Hannovers ungeachtet, in der deutschen Verfassungsfrage nur einen Schritt vorwärts kam. Die beiden Könige von Napoleons Gnaden waren nicht gewillt zu Gunsten des Gesammtvaterlandes irgend einen Theil ihrer eben erst von dem

---

[1]) Klüber, Acten I, 1, 57—61.

Fremden erlangten Souveränetät aufzugeben, namentlich nicht das
Vertragsrecht und das Recht der Kriegserklärung und des Frie-
densschlußes. Die Sprache, welche ihre Vertreter schon vor dem
Zusammentritt der Fünfercommission den Abgesandten der kleineren
Staaten gegenüber geführt hatten, sowie die eigenmächtige Zusammensetzung des ganzen Comités hatten diesem sofort eine heftige Opposition unter den Bevollmächtigten der Kleinstaaten geschaffen. Die
Zahl dieser Gegner wuchs von 19 nach und nach bis auf 31. Die
bedeutendsten darunter waren Mecklenburg-Schwerin und die beiden
Hessen.[1]) Die Führung dieser Gegenpartei übernahm der Vertreter des Hauses Nassau-Oranien, Hans von Gagern. Die
Thätigkeit dieses Staatsmannes in der deutschen Frage hat eine Zeit
lang eine allzuscharfe Beurtheilung erfahren. Erst die neueste Geschichts-
schreibung ist dem treuen Patrioten wieder gerecht geworden.[2])
Obschon in gleicher Lebenslage mit Stein — auch er gehörte einem
alten reichsunmittelbaren Geschlechte an — und geneigt, in der
politischen deutschen Reformation Steins „Melanchthon" zu sein,[3])
stand er dennoch in seinen Anschauungen über Deutschlands Ver-
jüngung zu diesem in scharfem Gegensatze. Während Stein die Herstellung deutscher Größe von der Schöpfung einer starken Central-
gewalt, gebildet durch eine Exekutive der mächtigsten Fürsten, er-
wartete, war Gagern der Vorkämpfer für die gleichmäßige Theilnahme aller, auch der kleinsten, deutschen Staaten an der Constituirung und Regierung des neu zu gründenden Deutschlands. In
diesen Ideen und seinem Widerwillen gegen die Präponderanz der
beiden Großmächte hatte er sich später sogar soweit festgerannt,
daß er, so schwer dies seinen großdeutschen Principien auch fiel,
selbst an einen Bund der Kleinstaaten ohne Oesterreich und Preußen, aber mit Dänemark und den Nie-

---

[1]) Die Gesandten Hessen-Kassels waren Graf Keller und G. F. v. Lepel.
Klüber, Acten I, 1, 75.
[2]) H. v. Treitschke Histor. u. polit. Aufsätze. 2. Aufl. 153 ff.
[3]) Gagern, Antheil IV, 34. Brief an Stein vom 28. Juni 1813.

berlandendachte!¹) Als er aber am 14. Oktober 1814 in seinem
Hôtel zu Wien 19 Vertreter deutscher Fürsten und Reichsstädte zu-
erst bei einem „munteren Frühstücke“ versammelte,²) um, wie er sich
ausdrückt, das Vorgehen der fünf Mächte zu „rectificiren,“ da
war in ihm noch der Gedanke an Wiederherstellung von Kaiser und
Reich lebendig. In der Anrede, mit welcher er an jenem Morgen
seine Collegen begrüßte, heißt es gegen den Schluß hin: „Dann ist
noch ein Gegenstand, den ich für den wichtigsten ansehe, die Kaiserwürde. Lassen Sie uns das als allgemeinen Wunsch alsobald
ausdrücken.³) Auf die Bemerkung des mecklenburgischen Gesandten,
Freiherrn von Plessen, daß er bereits mit dem Fürsten Metternich
eine Unterredung über ihre Beschwerden und Absichten gehabt habe,
dieser jedoch „zur Ruhe rathe,“ beschloß man nichtsdestoweniger,
den kurhessischen Minister Grafen Keller an den österreichischen
Staatskanzler abzusenden, um diesem die verschiedenen Begehren
zu hinterbringen.⁴) Von der Versammlung jenes Morgens und
ihrem Urheber Gagern stammt demnach die Wiederaufnahme der
Agitation für ein deutsches Kaiserthum. Es erscheint daher hier
am Platze auf Gagerns Anschauungen über „Kaiser und Reich“
einen Blick zu werfen. Wir glauben dies nicht besser thun zu
können, als wenn wir zunächst einen Abschnitt der trefflichen
Darstellung hier folgen lassen, die Th. v. Bernhardi von den Ideen
dieses Mannes gibt. „Das „Reich“, sagt dieser Historiker,⁵) war
ihm ein Begriff, der eine von der Versammlung der deutschen
Fürsten als Corporation in Deutschland geübte Gesammtherrschaft
und unverkümmerte Landeshoheit für jeden Einzelnen daheim um-

---

¹) Antheil II, 357 f.
²) Antheil II, 202.
³) Antheil a. a. O
⁴) Ueber das Resultat dieser Sendung ist nichts Näheres bekannt geworden.
    Sehr wahrscheinlich ist die Vermuthung, daß Metternich den Petenten den
    Rath ertheilt habe, erst bei der voraussichtlichen Auflösung der Fünfer-
    commission förmlich mit ihren Ansprüchen hervorzutreten. Dipl. Gesch. II, 183.
⁵) Geschichte Rußlands u. s. w. I, 145.

,faßte. Den „Kaiser" dachte er sich in ziemlich unbestimmter Weise als eine phantastisch=glänzende und erhabene Erscheinung hinzu. Das Kaiserthum sollte nämlich nur „eine gekrönte Vorsteherschaft" sein, ein „Vorsitz unter Königen und Fürsten", ein wenig über die Reichsfürsten erhabenes Haupt (caput paulo eminentius). So war es, nach Gagerns Meinung, von jeher in Deutschland ge= wesen; das „Reich" ihm zufolge von jeher ein Staatenbund. „Die Initiative, die Hoheit, der oberste Kriegsbefehl, das Protektorat zu erlaubten Dingen, die National=Verbindung, die unmittelbare Hemmung entstehender Uebel, vermöge Amtes und Berufs; die Abhaltung von anderen, gefährlichen Associationen; das sind sehr wesentliche Dinge" — die der Kaiser, ohne alle und jede selbst= ständige, von den Fürsten unabhängige reale Macht im Reich, be= sorgen sollte." Das wiederhergestellte Kaiserthum sollte wieder ein Wahlkaiserthum sein, auf das in erster Linie das Haus Habsburg Anspruch zu erheben hatte. Eine gesunde Opposition unter den Reichsfürsten, als deren „natürlichster Leiter der Stärkste nach dem Führer", Preußen, gedacht war, hatte einen Damm gegen Aus= schreitungen der kaiserlichen Macht zu bilden! Diese Einrichtungen sollten, so hoffte Gagern, Deutschland den ersten Rang unter den Nationen sichern, den es ohne die Kaiserwürde nicht behaupten würde![1]) „Die Kaiserwürde, sagt er,[2]) ist der Schlußstein unseres politischen Thuns, alles Andere führt zu unsicheren Versuchen, Speculation und Irrungen." Diesen Ideen lag eine gute Dosis persönlicher Eitelkeit nicht fern, wie dies aus seinen eigenen Worten hervorgeht. „Auch wir, des Reiches freie Ritterschaft, so läßt er sich vernehmen, bringen alsdann (d. h. nach Herstellung der Kaiserwürde) dem allgemeinen Wohl gern Berechtigungen zum

---

[1]) Ausführungen Gagerns in seinem im Januar 1815 gedruckten Aufsatze „Fernerer Versuch, politische Ideen zu berichtigen. Einige Grundzüge deutschen Staatsrechts und deutscher Geschichte." Antheil IV, Beilage 25, S. 379.

[2]) Antheil II, 383.

Opfer, zum schweren Opfer! Die Zeit wird uns jedoch bemerken und daß wir standhaft, muthig, thätig da waren! Die Fränzchen von Sickingen, Götz von Berlichingen, Ulrich von Hutten haben nicht gefehlt! — Mögen wir und unser kühnes Beginnen ersetzt werden!"[1])

Während so der wiedererstandene Sickingen in seinen Idealen von Kaiser und Reich schwelgte, ward er von dem Standesgenoßen, den er mit dem neuen Götz von Berlichingen gemeint haben mag, in seinen Bestrebungen vollständig überflügelt. Stein, der wohl erkannte, daß die Mehrzahl der Opponenten gegen die Fünfercommission den phantastischen Ideen ihres Führers nicht folgen werde, beschloß nämlich, aus der Einmüthigkeit der Kleinstaaten auf andere Weise für das Zustandekommen des Verfaßungswerkes Nutzen zu ziehen. Er trat daher im Anfang des November mit Umgehung Gagerns mit den Gesandten der kleineren Mächte einzeln in Verbindung und bewegte diese zu Vorstellungen bei den deutschen Großstaaten, worin sie sich gegen das Gebahren Baierns und Württembergs entschieden aussprachen und auf Beschleunigung der Constituirung Deutschlands drangen.[2]) Außerdem wurde eine „Declaration" im Namen der kleineren Fürsten und freien Städte vorbereitet, welche die Wünsche und Forderungen dieser Staaten in bestimmter Form kundgeben sollte. Auch von diesem Actenstücke sollte Gagern erst in Kenntnis gesetzt werden, wenn es ihm zur Unterzeichnung vorgelegt würde, er somit auf seine Gestaltung keinen Einfluß mehr ausüben könnte.[3]) Zu gleicher Zeit aber griff Stein zu einem weiteren Mittel, um den Widerstand Baierns und

---

[1]) Antheil II, 384.

[2]) Pertz IV, 145 f.

[3]) In seinem Bericht über die Geschichte dieser Declaration macht Gagern gute Miene zum bösen Spiel und läßt kluger Weise nicht merken, daß er der Düpirte war. So sagt er Antheil II, 215 betreffs der Note vom 16. Nov.: „In dieser Beziehung sagten wir damals gemeinschaftlich" und darauf folgt der weiter unten im Texte zu besprechende Passus von der Einsetzung eines gemeinsamen Oberhaupts.

Württembergs zu brechen — er wandte sich mit einer schriftlichen
Vorstellung an den Kaiser Alexander. Dieser Schritt, so bezeich=
nend er uns heutzutage für die traurige Lage der deutschen An=
gelegenheiten zu Wien erscheinen mag, wurde damals durchaus
nicht auffallend gefunden. War ja doch der Czar Mitunterzeichner
des Aufrufs von Kalisch, worin er „der Wiedergeburt des ehr=
würdigen deutschen Reiches mächtigen Schutz und dauernde Gewähr
zu leisten versprochen hatte! Hatte er doch den Vertrag zu Chau=
mont und den Pariser Frieden mit abgeschloßen, wonach die deutschen
Staaten zu einem immerwährenden Bunde vereinigt sein sollten.
Und, wenn man ehrlich sein wollte, war man ihm nicht für seinen
ruhmvollen Antheil an der Befreiung Deutschlands, für sein ent=
schloßenes Festhalten an der Fortsetzung des Krieges bis zum
Sturze des französischen Kaisers, zum größten Danke verpflichtet?
Andererseits war auch Stein mehr als irgend ein Anderer in der
Lage, Erkenntlichkeit von Seiten Alexanders beanspruchen zu können.
So wurde denn sofort seinen Wünschen entsprochen, als er die=
sen ersuchte, den Sonderbestrebungen Baierns und Württem=
bergs entgegenzutreten, „Oesterreich, Preußen und Hannover ein=
zuladen, auf den Verfassungsgrundsätzen zu bestehen, die sie aus=
gesprochen hätten und ihnen Beihülfe zu deren Aufrechterhaltung
zu versichern.“[1] Zugleich mit dem Schreiben, worin diese Bitte
ausgesprochen war, übergab Stein den 5. November dem Kaiser
den Entwurf einer vertraulichen Note Rußlands an Preußen und
Oesterreich über die deutschen Angelegenheiten. Da jedoch diese
Note von Alexander für zu weitläufig und bitter erklärt wurde,
änderte Stein sie einige Tage darauf ab und in dieser verbeßerten
Form wurde sie den 11. November von Nesselrode an Metternich
und Hardenberg übergeben. Der Kaiser von Rußland ertheilte
darin dem am 16. October durch die Cabinete von Wien, Berlin
und Hannover vorgeschlagenen Bundesplane seine völlige Bei=
stimmung und versprach, diesen Plan durch seine Vermittlung zu

---

[1] Pertz IV, 149 f.

unterstützen, wenn die Umstände es erfordern sollten.[1]) Diesem Vorgehen auf diplomatischem Wege suchte man auch anderweit Nachdruck zu geben. Die nationalgesinnte Presse Deutschlands, vor allem der von Görres redigirte „Rheinische Merkur" nahm sich gleichfalls des Zustandekommens des Verfaßungswerkes kräftig an und eiferte heftig gegen die dynastischen Sondergelüste der beiden Rheinbundskönige. Der Kronprinz Ludwig von Baiern, sonst ein Verehrer Steins, war über diese Angriffe aufs Aeußerste erbittert und scheute sich nicht, bei einer fürstlichen Tafel, zu der auch der Freiherr zugezogen war, im Gespräche über diese Zeitungsartikel laut zu äußern: „Ja, es wird viel tolles Zeug jetzt geschrieben, wie von dem Görres und anderen, die Stein beschützt." Stein vernahm diese Bemerkung und nun erfolgte ein Auftritt, der, wie so manche andere, Zeugnis ablegt von dem mehr als königlichen Bewußtsein des Reichsfreiherrn. Zornsprühend eilte er auf den Kronprinzen zu und donnerte ihn mit den Worten an: „Ich bitte, daß Ew. Königl. Hoheit Ihre Stellung nicht vergessen, wer Sie sind und wer ich bin! Es ist nicht schicklich, in so großer Gesellschaft auf diese Weise Namen laut zu nennen![2])"

Indessen hatte die russische Note weiter keine Wirkung, als daß in einer neuen Sitzung der Fünfercommission (12. November) die Minister Preußens, Oesterreichs und Hannovers von Neuem das entschiedene Festhalten ihrer Souveräne an den Principien der 12 Artikel erklärten. Es war so ziemlich das letzte Lebenszeichen des „Comités für die deutschen Angelegenheiten." Denn am 16. November erfolgte eine Note Württembergs,[3]) welche im Namen des Königs Friedrich, eben jenes Königs, der noch im Februar 1814

---

[1]) Die Note bei Klüber, Acten I, 1, 61 f. Dort heißt es S. 63: S. M. l'Empereur de Russie ne peut donc qu'y donner son entier assentiment, décidé à appuyer ce projet par son intervention, si les circonstances devoient l'exiger.

[2]) Pertz IV, 153.

[3]) Klüber, Acten I, 1, 101 f.

Napoleon zu seinen Siegen über Blücher Glück gewünscht hatte,[1]) dessen „tiefste Bekümmerniß" über den seitherigen Gang der Verhandlungen aussprach und erklärte, „daß, so aufrichtig der Wunsch Sr. Majestät sei, zu dem großen Zweck des Bundes ferner mitzuwirken, Sie sich demungeachtet außer Stand befinden und mit den gegen Ihren Staat und Haus obhabenden Pflichten nicht als vereinbarlich ansehen, sich fernerhin immer nur über einzelne Gegenstände zu erklären oder angesonnene Verbindlichkeiten zu übernehmen, ehe und dann Sr. Majestät der Plan des Ganzen und die oben angeführten noch abmangelnden Erörterungen[2]) mitgetheilt worden seyn werden und Höchstdieselben allein dadurch zur Abstimmung sich ermächtigt finden können." Damit war Württembergs Austritt aus dem Comité erklärt und dieses gesprengt, da auch ein dieser Erklärung folgender Notenwechsel des Fürsten Metternich mit dem württembergischen Cabinet dasselbe nicht zum Aufgeben seiner Haltung zu bewegen vermochte. An demselben Tage aber, an welchem diese Austrittserklärung erfolgte, wurde die von Stein veranlaßte Declaration der Kleinstaaten Metternich und Hardenberg überreicht.[3]) Die Bevollmächtigten von 25 souveränen deutschen Fürsten und 4 freien Städten, denen acht Tage später noch beide Hohenzollern beitraten,[4]) an ihrer Spitze die Gesandten beider Hessen,[5]) beschwerten sich darin, daß „außer denen als Paciscenten beim Pariser Frieden aufgetretenen hohen Mächten, Öster-

---

[1]) Häusser, Deutsche Geschichte IV, 497.

[2]) Nämlich über den Umfang der Besitzungen der Bundesglieder und der „physischen und politischen" Grenzen des Bundes. Klüber I, 1, 102.

[3]) Text bei Klüber, Acten I, 1, 72 ss.

[4]) Klüber I, 1, 93 f.

[5]) Baden, das früher vergebliche Versuche gemacht hatte, Aufnahme in das Fünfercomité zu erlangen und seit deren Scheitern eine Sonderstellung einnahm, betheiligte sich nicht an der Declaration, sondern gab eine sehr partikularistisch gehaltene Separaterklärung ab. Erst den 9. December trat es dem Verein der kleineren Staaten bei. Klüber I, 1, 96.

reich) und Preußen, einige in ähnlicher Categorie mit mehreren nicht Eingeladenen stehende teutsche Höfe, als Repräsentanten für die Mehrheit ihrer übrigen teutschen Mitstaaten auftreten zu wollen schienen." Unter diesen Verhältnissen seien es die Unterzeichner „der Würde- ihrer Committenten, den Pflichten gegen das teutsche Vaterland und den Millionen, die auch sie zu vertreten hätten, schuldig, nicht länger zu schweigen. Gestützt auf die von den Alliirten mit den deutschen Fürsten abgeschloßenen Accessionsverträge, auf die Bestimmung des Pariser Friedens (Art. VI.) und die Grundsätze des Völkerrechts verlangten sie die Theilnahme ihrer Committenten an der Constituirung des Bundes, versprachen, es mit Dank anerkennen zu wollen, wenn Oesterreich und Preußen ihnen, auf der Basis gleicher Rechte und einer vollständigen Repräsentation aller Bundesglieder beruhende Vorschläge über die künftige Verfaßung mittheilen wollten und erklärten die Bereitwilligkeit ihrer Auftraggeber „zum Besten des Ganzen denjenigen Einschränkungen ihrer Souveränetät sowohl im Innern ihrer Staaten, als im Verhältniß gegen Auswärtige, beizupflichten, welche als allgemein verbindlich für Alle beschlossen werden würden." Sie zeigten sich ferner damit einverstanden, „daß aller und jeder Willkür, wie im Ganzen durch die Bundesverfassung, so in den einzelnen Staaten durch Einführung landständischer Verfassungen vorgebeugt" und den Ständen das Recht der Abgabenbewilligung, die Mitaufsicht über die Verwendung der Steuern, Antheil an der Gesetzgebung und das Recht der Beschwerdeführung „insbesondere in Fällen der Malversation der Staatsdiener und bei sich ergebenden Misbräuchen jeder Art" zugestanden werden sollten. Die angemessene Einrichtung der ständischen Verfaßung solle den einzelnen Staaten „nach dem Charakter der Einwohner, den Localitäten und dem Herkommen" überlaßen bleiben, der Justizgang vor Willkür sicher gestellt werden. „Endlich aber — und dieser Schlußpassus ist es, der für unsere Darstellung besonders in Betracht kommt, halten die Unterzeichner sich überzeugt, die teutsche Verfassung würde ihren festesten Bestand alsdann erst behaupten können, wenn ein gemeinsames Oberhaupt, welches dem teutschen Verband den ersten Rang unter den europäischen Nationen gab, an der Spitze der deutschen Verbindung dem von den Ständen des Bundes gemeinsam Beschlossenen die unverbrüchliche Vollziehung sichern, die Säumigen oder Weigernden ohne Unterschied mit erforderlichem Nachdruck zur Erfüllung des Bundesvertrags anhalte, der Bundesjustiz schnelle und vollkommene Folge verschaffe, die Kriegsmacht des Bundes leite, und so im Innern und gegen Außen allen Staaten desselben, auch dem mächtigsten, als Beschützer, erster Repräsentant der teutschen Nation und Gegenstand allgemeiner Ehrfurcht, der Verfassung aber als kräftigster Garant, als teutscher Freiheit Aegide, sich darstelle."

Denselben Tag richtete, gleichsam als Commentar zu dieser Declaration, der braunschweigische Gesandte, Geheimerath von Schmidt-Phiseldeck, an den Vertreter Hannovers, Grafen Münster, eine Note,[1]) worin er auf eine am 11. November mit diesem Minister gehabte Unterredung Bezug nahm, in der er den gemeinschaftlichen Wunsch aller Unterzeichner der Declaration zu erkennen gegeben hatte „die Verfassung des teutschen Bundes zu dessen bessern Zusammenhaltung durch Wiederherstellung der Kaiserwürde geknüpft zu sehen." Als „gemeinschaftliche Ansicht und Meinung" theilt er nun die für besonders wesentlich gehaltenen „Attributionen der Würde eines Bundeshauptes" mit, über deren Detail man sich übrigens erst einigen könne, wenn damit ein vollkommener Entwurf einer Constituirung des Bundes verbunden sei. Die Befugnisse des Kaisers oder Bundeshaupts sollten hiernach bestehen: in der Aufsicht über die Beobachtung und Vollstreckung der Bundesbeschlüsse, Aufsicht über die Justizverfassung mit dem Befugnisse der Ernennung des Personals und

---

[1]) Klüber, Acten I, 1, 77 ff.

Vollstreckung der Erkenntnisse, wo solches nöthig sein sollte, Vorsitz in der Bundesversammlung und Repräsentation nach Außen,
endlich Direction der Reichsbewaffnung und Anführung im Reichs-
kriege. Von der Frage über die Erblichkeit der Würde eines
Bundeshaupts „unter welchem Titel es übrigens sey,“ meint er,
„sie sey an sich sehr verschiedenen Betrachtungen unterworfen und
glaube man, daß dieselbe, von mehreren politischen Rück-
sichten abhängig, für diesen Augenblick noch unberührt ge-
lassen werden dürfe.“ Die weiteren Ausführungen der Note, namentlich die Widerlegung der von Münster gegen die Wiederauf-
richtung der Kaiserwürde vorgebrachten Gründe und der Nachweis,
daß die in Deutschland existirenden Könige für die Erneuerung
jener Würde kein Hinderniß sein könnten, kommen für unsere
Zwecke hier weniger in Betracht. Ebensowenig wollen wir
die verschiedenen Stadien, welche nun die Kaiserfrage auf dem
Congresse durchlief, einer eingehenden Erörterung unterziehen.
Bei der Geschichte der berühmten Declaration schien es uns jedoch geboten, die Quellen etwas ausführlicher reden zu laßen
wegen des hervorragenden Antheils, den, wie wir sahen, der Freiherr vom Stein an ihrer Entstehung hatte. Zu unserer Verwun-
derung sehen wir ihn, der seit dem Vertrage von Chaumont mit
der Kaiseridee gänzlich gebrochen zu haben schien, plötzlich wieder
als deren Förderer. Wodurch dieser Umschlag in seinen Ansichten
eintrat, ist uns nirgends vollständig aufgeklärt. Sei es, daß bei
den Bevollmächtigten der Kleinstaaten der Gagern'sche Reichsge-
danke doch mehr Boden gefunden hatte, als Stein dachte, so daß
dieser, als er, mit Umgehung Gagerns, ihre Führerschaft übernahm, „zu schieben glaubte, aber geschoben ward,“ sei es — und
dies scheint uns das Wahrscheinlichere — daß auch der große
Reichsfreiherr unter dem Banne des Zaubers stand, den der Kaiser-
name von jeher auf den deutschen Patrioten ausübte. Alle ge-
lehrten Deductionen von der Unmöglichkeit des Kaiserthums, so
richtig sie auch sein mochten, alle Hinweisungen auf die klägliche
Rolle, welche der deutsche Kaiser schon lange vor der Auflösung

des heiligen römischen Reichs gespielt, hatten jenen Namen nicht
des idealen Glanzes berauben können, den Jahrhunderte einstiger
Größe ihm verliehen hatten. Ihn dachte sich, trotz der Zeiten der
Trübsal, von denen, namentlich unter dem letzten Kaisergeschlechte,
das Vaterland heimgesucht worden war, eine nicht geringe Anzahl
der Besten der Nation eng verknüpft mit deutscher Macht und
deutscher Größe. Den Gefühlen dieser „Schwärmer,“ wie man
sie später schalt, lieh damals vor Allen Max von Schenken-
dorf poetischen Ausdruck. Aus jenen Tagen stammt sein schönes
Gedicht „Seine Herrin,“ das mit den begeisterten Strophen schließt:

„O tritt hervor in deiner Schöne,
Von heil'gem Eichenzweig umlaubt,
Daß dich die Hand des Volkes kröne,
Das immerdar an Dich geglaubt.

Ein Leuchten ist's aus großen Tagen,
Das dich, du Herrliche, umwallt,
Wie Zauber schwebt's von alten Sagen
Um deine selige Gestalt.

Wer dich nur schauet, muß entbrennen
In Liebesgluth und Andacht gleich;
So laß mich Deinen Namen nennen:
Mein heiliges, mein deutsches Reich!“

Und wenige Wochen später kennzeichnete nur zu wahr wieder der
edle Dichter die mit tiefem Schmerze über den Gang der Dinge er-
füllte Stimmung von tausenden und aber tausenden deutscher
Herzen, wenn er im Juni 1814, als durch die Bestimmungen von
Chaumont und Paris die Hoffnungen auf Wiederherstellung von
Kaiser und Reich ein für allemal zerstört schienen, in seinem an
Jahn gerichteten „Erneuten Schwur von wegen des heil. deutschen
Reiches“ sang:

„Es haben wohl gerungen
Die Helden dieser Frist,
Und nun der Sieg gelungen,
Uebt Satan neue List.

Doch wie sich auch gestalten
Im Leben mag die Zeit,
Du sollst mir nicht veralten,
O Traum der Herrlichkeit!"

Auch in Stein sahen wir ja noch wenige Jahre vorher einen
warmen Verehrer des Kaiserthums, freilich nicht des verfaulten,
sondern eines auf neuen Grundlagen zu organisirenden. Er hatte
gewünscht „einen Zustand herzaubern zu können, wie er unter den
großen Kaisern des 10. bis 13. Jahrhunderts geherrscht," ihm
schien „statt der Wiederherstellung der deutschen Verfassung des
westphälischen Friedens unendlich angemessener die Wiederaufrich=
tung der alten Monarchie, die Bildung eines Reichs, welches alle
sittlichen und physischen Bestandtheile der Kraft, Freiheit und Auf=
klärung enthielte." Mehr als je mochten ihm nach den Vorgängen
der letzten Wochen „die Dynastien vollkommen gleichgültig und
blos Werkzeuge," die Erneuerung des Kaisertitels bei der Unmög·
lichkeit Einheit herzustellen „ein Auskunftsmittel, ein Uebergang"
sein. Die Vorsteherschaft, ausgeübt von einer längst anerkannten
Großmacht, schien ihm schließlich bei weitem einem Bunde gleich=
berechtigter Mitglieder vorzuziehen, in welchem von dem ehemals
Reichsunmittelbaren als „Unterdrücker und Usurpatoren" be=
trachtete Kleinfürsten sich der Unabhängigkeit zu erfreuen hat=
ten.[1]) Vielleicht war er auch in dem Glauben, durch den
Drang der Verhältnisse und den einmüthigen Wunsch der Nation
würden die Fürsten im Laufe der Zeit endlich doch zu Conces=
sionen zu Gunsten der Kaisergewalt genöthigt sein. Dazu kam
der oben besprochene idealistische Zug, dem wir sonst bei dem prak=
tischen Staatsmanne so wenig begegnen und so wurde Stein die
Seele einer Bewegung, die bei dem historisch gewordenen Zustand
der Dinge in Deutschland, bei der Existenz z w e i e r deutschen Groß=
mächte, von vorneherein eben so aussichtslos war, als sie es, von
nicht schlechteren Männern als Stein unternommen, fünfunddreißig

---

[1]) Gagern, Antheil IV, 166 ff. Brief Steins an Gagern vom 1. Mai 1826.

Jahre später gewesen ist. Den sonst ihm eigenen politischen Scharf-
blick hat er bei dieser Gelegenheit nicht bewiesen. In seinem
späteren Leben sah er dies selbst wohl ein und kam daher nie auf
das Kaiserprojekt zurück. Daß er aber nicht, wie mehrere
der kleinstaatlichen Gesandten von sich eingestanden,[1] lediglich in der Absicht, die Fünfercommission zu sprengen, an der Declaration Theil genommen hat, dafür bürgt uns die Lauterkeit seines
Charakters ebenso sehr als seine eifrigen Bemühungen für die Wiederherstellung des Kaiserthums zu einer Zeit, wo schon längst keine
Fünfercommission mehr existirte.

Wer nun nach dem Wunsche der Kleinstaaten Kaiser werden
sollte, gieng zwar aus ihrer Note nicht unmittelbar hervor, ergab
sich aber aus ihrer nun über diesen Punkt erfolgenden Correspondenz mit dem Grafen Münster,[2] den Metternich und Hardenberg,
um einer direkten Antwort auf die Forderungen der Petenten einstweilen auszuweichen, ins Vordertreffen stellten. Danach wollte
man die Würde dem historischen Rechte nach wieder Oesterreich
übertragen. Diese Macht hatte nämlich, den Erklärungen Metternichs zu Teplitz, Frankfurt, Chaumont und Paris zum Trotz, in
der letzten Zeit eine politische Schwenkung gemacht und sich der
Wiederannahme des Kaisertitels nicht abgeneigt gezeigt. Schon den
22. October hatte Kaiser Franz einer Deputation deutscher Standesherren,[3] für welche in der Audienz die Fürstin-Vormünderin

---

[1] Schaumann in Raumers hist. Taschenbuche 1850. S. 207 ff.

[2] Klüber I, 1, 82 ff. Mit Münster gerieth Stein in Folge von dessen parti-
kularistischer Haltung auf dem Congresse in ein feindseliges Verhältnis,
das erst in späteren Jahren wieder freundschaftlichen Beziehungen Platz
machte.

[3] Es waren der Fürst von Wied-Neuwied, der Graf von Erbach-Erbach, der
Landgraf von Fürstenberg. Ihre Anrede, die Antwort des Kaisers und
die Bittschrift s. bei Klüber I, 2, 37 ff. Den 7. December thaten viele
andere mediatisirte gräfliche und fürstliche Häuser einen ähnlichen Schritt.
Die betreffende Note, worin auch sie ihre Souveränetätsrechte betonten,
abgefaßt von ihrem Bevollmächtigten von Gärtner, unterschied sich jedoch

von Fürstenberg das Wort führte, auf ihre Bitte um Erneuerung der Kaiserwürde und Schutz ihrer angeborenen Rechte, erwiedert: „Ich bin schon von mehreren Seiten angegangen worden, die deutsche Krone wieder anzunehmen und es ist auch mein Wunsch, wenn dessen Erfüllung sich mit dem Interesse meiner eigenen Länder vereinigen läßt." Und der Schluß seiner Antwort hatte gelautet: „Ich weiß nun, was die Deutschen für ein gutes und braves Volk sind und Sie können darauf zählen, daß ich Ihr gerechtes und billiges Verlangen, so viel an mir liegt, unterstützen werde." Dieser Bescheid mochte auf die Fassung des Schlußes der Declaration nicht ohne Einfluß geblieben sein. An ein Uebertragen der Kaiserwürde auf Preußen dachte damals in einflußreichen Kreisen Niemand. Nur der schaumburg-lippesche und waldeckfche Bevollmächtigte, Herr von Berg, soll für diesen Plan thätig gewesen sein![1]) Man wußte, daß Preußen die Wiederherstellung der Würde nicht wollte. „Es wollte sie nicht, sagt Gagern ganz richtig, als Hilfsmittel und Gewicht in Oestreichs Hand — — ohne Aequivalent für sich selbst. Und es wollte sie nicht als ein bloßes Nichts. Man hatte zu viel Verstand, um solche Nichtigkeit, solche permanente Rolle des Ungehorsams, den steten Widerspruch angelobter Heeresfolge und willkührlicher Abberufung — kurz die lange Agonie von Kaiser und Reich noch zu verlängern."[2]) Auch scheint es in der That, als ob Stein sich für das Kaiserprojekt, das seinen mit Hardenberg getroffenen Vereinbarungen so sehr widersprach, erst allmählich erwärmt habe, denn wir hören anfänglich nichts von Schritten,

---

daburch von der Fürstenbergschen Anrede und Bittschrift, daß sie nicht an den Kaiser Franz, sondern an die Bevollmächtigten Oesterreichs, Preußens und Hannovers gerichtet war und das gewünschte constitutionelle Oberhaupt nicht geradezu nannte. Klüber I, 2, 53 ff.

[1]) Schaumann S. 211.

[2]) Antheil II, 197.

die er zu seiner Realisirung gethan hätte.¹) Freilich traten bald
nach der Ueberreichung der Declaration andere und größere politische Fragen derart auf dem Congresse in den Vordergrund, daß
die Behandlung der deutschen Verfaßungsangelegenheit einstweilen
ganz bei Seite geschoben und erst nach Abwickelung dieser Fragen
von europäischem Interesse, zwei Monate später, wieder aufge-
nommen wurde. Das Schicksal Sachsens und Polens nahm vor-
erst die Aufmerksamkeit der Großmächte vorwiegend in Anspruch.
Welchen hervorragenden Antheil Stein an den Verhandlungen über
diese beiden Länder nahm, ist hinlänglich bekannt. Seine eifrigen
Bemühungen, g a n z Sachsen dem preußischen Staate zuzuwenden,
waren nicht von Erfolg gekrönt. Statt eines geschloßenen Staats-
gebietes erhielt Preußen durch den Neid seiner Alliirten „das langge-
streckte Kleid, wie es Ludwig Börne nennt,²) worin es sich nur
mühsam bewegen konnte, Grenzen, die ihm, wie ein weites Gewand,
um die Glieder schlotterten." Seine Gegner dachten es dadurch
ohnmächtig zu machen. Daß sie gerade das Gegentheil bewirkten,
hat die Geschichte der letzten Jahrzehnte bewiesen.

Für das Schicksal des Kaiserprojekts aber waren jene Terri-
torialstreitigkeiten geradezu entscheidend. Der Antagonismus der
beiden deutschen Großmächte hatte sich durch sie bis zu einem Grade
gesteigert, daß nun an eine Unterordnung Preußens unter einen
habsburgischen Kaiser erst recht nicht mehr zu denken war. Es
war wahrlich nicht die Schuld des österreichischen Cabinets, wenn
die Kämpfer für Europas Befreiung nicht das Schwert gegenein-
ander kehrten, wie es nach dem geheimen Bündnis beabsichtigt
war, das am 3. Januar 1815 England, Oesterreich und — Frankreich gegen Preußen und Rußland abgeschloßen hatten.³) Wenn

---

¹) Den sonstigen Stand der deutschen Frage setzte er im Januar 1815 in
den beiden bei Pertz IV, Beilage 26 und 28 mitgetheilten Memoires den
russischen Vertretern ausführlich auseinander.

²) Schüchterne Bemerkungen über Preußen und Oesterreich. 1818.

³) Eine vorzügliche Darstellung dieser Vorgänge, worin namentlich der Thätigkeit Talleyrands besondere Beachtung geschenkt ist, findet sich bei Th. von

nun auch der drohende Sturm sich, namentlich durch Englands
Zurückweichen, verzog, so war doch die preußische Politik jetzt noch
mehr als zuvor darauf angewiesen, an Rußland eine Stütze zu
suchen. Andererseits mußte Rußland daran gelegen sein, die zwischen Preußen und Oesterreich schon bestehende Kluft zu erhalten
und wo möglich zu vergrößern, um einer Coalition der Großmächte gegenüber nicht isolirt dazustehen. Nur so läßt sich der
Eifer erklären, mit dem das russische Cabinet im Februar 1815
auf Steins Betrieb in der Kaiserfrage vorgieng, deren Wieder-
anregung den beiden deutschen Großmächten von Neuem ihren
Gegensatz zum Bewußtsein bringen mußte. Während nämlich im
Beginn jenes Monats sowohl Preußen durch Wilhelm von Humboldt
als auch Oesterreich durch seinen zweiten Bevollmächtigten Wessenberg neue Entwürfe zur Bundesverfaßung den Abgeordneten
s ä m m t l i c h e r deutscher Staaten vorlegten, unter welchen die 32
standhaft an der Erneuerung der Kaiserwürde festhielten, rief Stein,
durch den seitherigen Gang des Congresses von Mistrauen gegen
die deutsche Politik des Wiener und Berliner Hofes erfüllt, von
Neuem Alexanders Vermittlung an. Zunächst wandte er sich an
den russischen Minister, Grafen K a p o d i s t r i a s, und suchte diesen
für die Forderung der Kleinstaaten zu interessiren. Der geistreiche
Grieche, der sich in kurzer Zeit das vollständigste Vertrauen des
Czaren zu erwerben gewußt hatte, fand in den Bestrebungen des
deutschen Freiherrn sympathische Anklänge an seine eigenen. Wie
Stein die politische Wiedergeburt eines edlen Volkes zu seiner
Aufgabe gemacht hatte, so auch er. All sein Dichten und Trachten
gieng von Jugend an auf die Befreiung seiner unglücklichen Nation
vom türkischen Joche. Dafür war er in seiner Heimath Korfu
thätig gewesen, dafür wirkte er, als er, in russische Dienste getreten,
rasch eine Stufe der Ehren nach der anderen erklommen und zu
Wien mit Nesselrode die erste der damaligen Großmächte zu ver-

---

Bernhardi, Geschichte Rußlands u. s. w. I, 62 ff. Vgl. dazu auch M. Duncker in den Preuß. Jahrbüchern XII, 521 ff.

treten hatte. Dort stiftete er die Gesellschaft der Philomusen, jenen nachher unter dem Namen der Hetairie so berühmt gewordenen Bund von Griechen und Griechenfreunden, der bei seinem Streben nach sittlicher Veredlung des Hellenenvolkes zugleich im Geheimen dessen Erhebung gegen die Unterdrücker vorbereitete. Rußland so mächtig als möglich zu machen, ihm Allianzen für die Zukunft zu sichern, war zu jener Zeit das hauptsächlichste Ziel seiner Staats- kunst. Denn von dem glaubensverwandten Rußland hoffte er die Verwirklichung der Pläne Peters des Großen zum Sturz der Osmanenherrschaft in Europa.[1]) Dies sein hellenisch-russisches In- teresse überwog natürlich bei weitem die Sympathien, welche er für eine, gleich der seinigen, um die Cultur der Menschheit hoch- verdiente Nation und insbesondere ihren ritterlichen Vertreter em- pfand. Demgemäß diente ihm das Ansuchen Steins, bei seinem Souverän für die Kaiseridee einzutreten, als ein willkommenes Mittel zum Zweck. Es war ihm klar, daß eine scheinbare Be- günstigung Oesterreichs in der Kaiserfrage von Seiten des russischen Cabinets nur zur Vermehrung der Spannung zwischen den beiden deutschen Großmächten führen würde, und wenn, wie zu erwarten stand, das Steinsche Projekt an Preußens Widerstand Schiffbruch gelitten hatte, war diese Macht so isolirt in Deutschland, als ihr nordischer Nachbar es nur für seine Pläne wünschen konnte.[2]) Ehrlich waren also Kapodistrias Motive zur Unterstützung Steins und der Kleinstaaten nicht, aber jedenfalls diplomatisch. Wieder zeigt sich demnach hier, was wir schon mehrmals zu beobachten Gelegenheit hatten, daß Stein für die sogenannte hohe Politik nicht geschaffen war. Ihren Winkelzügen zu folgen vermochte seine „überall ohne jeg- liche Rücksicht auf die Sache gewandte Natur von schwerem und großem Style"[3]) nicht. Mag nun auch der gegen ihn erhobene Vorwurf der Unreife des politischen Denkens in der Kaiserfrage[4])

---

[1]) K. Mendelssohn-Bartholdy: Graf Johann Kapodistrias S. 20.

[2]) Bernhardi, Geschichte Rußlands u. s. w. I, 156 f.

[3]) H. v. Sybel, Kleine histor. Schriften I, 288.

[4]) W. Maurenbrecher in den Preuß. Jahrbüchern XXVII, 57 f.

nicht ohne Grund sein, der Bewunderung seiner Persönlichkeit
wird er niemals Eintrag thun. Die Nation hat die Reinheit seiner
Beweggründe nie verkannt, Stein selbst ist durch bittere Erfah=
rung belehrt worden, wie sehr er geirrt hatte.¹) Doch kehren wir
zur Betrachtung der Schritte zurück, die Kapodistrias auf seine
Anregung that.

Nach mehreren mit Stein gepflogenen Conferenzen verfaßte
der russische Minister eine Denkschrift für den Kaiser Alexander,
welche unter dem Namen der „Considérations sur l'Empire
Germanique" bekannt geworden ist.²) Sie ward von ihm den
9. Februar seinem Gebieter vorgetragen. Es war darin zunächst
der politischen Wichtigkeit Deutschlands seiner Lage und des Cha=
rakters seiner Bevölkerung wegen gedacht, wobei für die deutsche
Nation verschiedene schmeichelhafte Beiworte abfielen. Denn sie
wird unter Anderem „parmi les nations modernes la plus éclairée,
la plus meditative" genannt. Nach Betonung der Nothwendig=
keit im eigenen Interesse Deutschlands und dem Europas (d. h.
Rußlands) unserem Vaterlande eine Verfaßung zu geben, kommt
der Graf zu der Frage, ob diese Verfaßung so einzurichten
sei, daß sie die deutschen Stämme zu einem wohlorganisirten Gan=
zen vereinige oder ob es räthlich erscheine, den seitherigen Zustand
der Dinge in Deutschland zu belaßen, in dem der Keim zu immer
neuen Veränderungen liege. Bleibe die Leitung der deutschen An=
gelegenheiten den fünf Mächten der ehemaligen Commission über=
laßen, so würden Streitigkeiten unter diesen nicht ausbleiben.
Frankreich werde diese Gelegenheit gern ergreifen, durch seine Ein=
mischung wieder Einfluß in Mitteleuropa zu erlangen und sich mit
Oesterreich gegen den Norden Deutschlands verbinden. Rußland
könne dann auch nicht neutral bleiben, sondern sei genöthigt Partei
zu nehmen. „Il paroit donc, fährt das Memoire fort, que le

---

¹) Man lese namentlich den Schluß des Postscriptums zu dem Briefe an
Eichhorn vom 3. Januar 1818 bei Pertz V, 857.
²) Bei Pertz IV, Beilage 33.

pacte fédéral, qu'on projète, est non seulement contraire au repos et à l'indépendance de l'Allemagne, mais aussi il s'oppose à l'affermissement d'un véritable équilibre et de rapports stables entre les Etats Européens." Frankreich muß jede Möglichkeit, sich mit Oesterreich zu verbinden, entzogen wer= den. Deshalb ist es nöthig, Oesterreich an die Interessen Deutsch= lands zu fesseln, indem man seinen Kaiser zum Haupt des deutschen Bundesstaates, sei es zum erblichen, sei es zum wählbaren, macht. „Par là l'indépendance de l'Allemagne est garantie, et celle de l'Europe n'aura plus à redouter une alliance entre la France et l'Autriche." Preußen — und das ist nicht der letzte Gesichtspunkt bei dieser Beweisführung — „renfermée dans les justes limites de sa grandeur actuelle" wird als Mitglied des neuen deutschen Reiches seine politischen Beziehungen zu den Nordmächten unverändert beibehalten (que la Prusse — participant à cette confédération, conserveroit sans altération ses rapports politiques avec les puissances du Nord.) Zugleich könne dann der Kaiser von Oesterreich, als Träger der alten römisch=deutschen Kaiserkrone, zur Begründung einer nationalen Existenz Italiens beitragen, indem er aus seiner dortigen bedeuten= den Besitzungen eine Secundogenitur seines Hauses errichte. Schließ= lich folgt noch die Versicherung, daß die deutsche Kaiserwürde Oesterreich keine „prépondérance aggressive où menaçante" sondern nur „conservatrice et passive" verleihe. Es frage sich nur, ob Oesterreich diesen Vorschlägen zustimmen werde, ob man im Falle seiner Weigerung darauf beharren oder sich das Recht vorbehalten solle in der Zukunft auf diese Combination, sei es nun mit Oesterreich oder mit Preußen, zurückzukommen.

Der Czar war diesem Vortrage mit Aufmerksamkeit gefolgt. Seine nächste Frage aber war, was Stein von diesen Ansichten halte. Als ihm darauf Kapodistrias entgegnet hatte, daß er gleicher Meinung sei, nach seinem Ermessen aber zur Durchführung dieser Vorschläge in erster Linie eine Verständigung mit Preußen er= forderlich scheine, so befahl ihm Alexander, diese anzubahnen.

Kapodistrias und Stein hatten daher am 11. Februar eine Conferenz mit Hardenberg.[1]) Der preußische Minister scheint von der Interpellation der beiden Staatsmänner überrascht worden zu sein, denn anstatt triftige Gründe gegen das Projekt vorzubringen, wie sie später von seinem Mitbevollmächtigten W. v. Humboldt geltend gemacht wurden, suchte er seinen Widerwillen dagegen auf die Geistlosigkeit der österreichischen Dynastie und Regierung zu begründen. Stein aber erwiederte ihm treffend, diese Unvollkommenheiten seien vorübergehend, hier komme es auf Verfaßungseinrichtungen an. Die Befugnisse des Kaisers darzulegen, behielt er sich für eine besondere Denkschrift vor. Ihre sofortige Ausarbeitung übertrug er nach der Conferenz dem Grafen Solms=Laubach, den wir schon an der Frankfurter Besprechung hatten Theil nehmen sehen. Schon den 12. hatte er auch eine Unterredung mit Metternich, und dieser zeigte sich, entgegen seinen früheren Aeußerungen, nunmehr der Uebertragung der Kaiserwürde an Oesterreich nicht abgeneigt, versprach auch mit dem Grafen Solms und dem Freiherrn von Plessen, dem einflußreichsten der kleinstaatlichen Gesandten, sich deshalb ins Benehmen zu setzen.

Diese Meinungsänderung des österreichischen Staatskanzlers dürfte indessen schwerlich mit der bei Gelegenheit der standesherrlichen Adresse hervorgetretenen Geneigtheit des Kaisers Franz zur Wiederannahme der deutschen Krone in Verbindung zu bringen sein. Für Metternich, dem bekannter Maßen Deutschlands Wohlergehen höchst gleichgültig war, kam in der That im damaligen Momente das Kaiserprojekt ganz erwünscht. Seit November hatte sich die Situation wesentlich geändert. Das vorher so gefügige Preußen hatte der österreichischen Politik in wichtigen Fragen die

---

[1]) Pertz IV, 322. Die heftige Erbitterung gegen Hardenberg, die in Steins späterem Leben sehr oft hervortritt, war damals noch nicht vorhanden, wenn wir dem Hardenberg sehr gewogenen Varnhagen von Ense, Denkwürdigkeiten des eigenen Lebens III, 242 gegenüber den Angaben Gagerns Glauben schenken dürfen.

heftigste Opposition gemacht und wenn es auch, Dank den guten Diensten Talleyrands und Castlereaghs, gelungen war, dasselbe zu einer Reduction seiner Ansprüche zu bewegen, so unterschätzte man doch die zukünftige Gefahr seiner Nebenbuhlerschaft an den deutschen Höfen keineswegs. Zudem suchte man auch nach einer Stütze gegen die Ansprüche Baierns, das alle Miene machte, Preußens Rolle im Süden zu übernehmen und wegen seiner Vergrößerungsgelüste gerade damals der Gegenstand der heftigsten Angriffe Steins war.[1]) So mußte eine engere Verbindung mit Deutschland jetzt weit mehr als früher in Metternichs Planen liegen. Es kam ihm dabei nicht darauf an, ob das Bindemittel, die neue Kaiserwürde, mit wirklichen Machtbefugnissen ausgestattet sei; sie sollte lediglich als eine unter Umständen recht brauchbare politische Handhabe für die Politik des Wiener Cabinets dienen.

Stein war voll der besten Hoffnungen. Nachdem er vom Grafen Solms das für den österreichischen und preußischen Hof bestimmte Memorandum schon nach zwei Tagen erhalten hatte, suchte er auch persönlich auf Alexander zu wirken. In einer Audienz, die er den 17. Februar bei diesem hatte, trug er eine Denkschrift[2]) über die Wiederherstellung der Kaiserwürde vor, worin er die Argumente des Grafen Kapodistrias für schlagend erklärte und weiter ausführte, außerdem aber zu dem sonderbaren Resultat kam, daß Preußens nahe Verbindung mit Deutschland sich schon von selbst ergebe, Oesterreich dagegen, „das durch seine geographische Lage zur Seite Deutschlands geschoben werde, dessen Theilnahme an Deutschland stets dem, was ihm augenblicklich passe, untergeordnet sein werde"[3]) das ein geringeres Interesse an Deutschland habe als Preußen, durch ein verfaßungsmäßiges Band mit dem übrigen Deutschland verbunden werden müße, um die-

---

[1]) Pertz IV, 323 ff.

[2]) Pertz IV, 329 ff., der Text in Beilage 36 desselben Bandes.

[3]) «l'interet, qu'elle prendra à l'Allemagne sera toujours subordonné à ses convenances momentanées.»

sem nicht entfremdet zu werden. Ein solches Band er-
blickte Stein in der in Oesterreichs Regentenhause erblichen Würde
eines deutschen Kaisers. An diese eigenthümliche Begründung schloß
sich eine Auseinandersetzung der Machtbefugnisse, die der Kaiser
besitzen sollte. Hier läßt sich an mehreren Punkten der Einfluß
des Solmsischen Berichts[1]) nicht verkennen. Der Kaiser sollte mit
dem Bundestage das Recht der Gesetzgebung, der Kriegserklärung
und des Friedensschlußes theilen, das Antragsrecht besitzen, die
Beschlüße des Bundestags sanctioniren. Er ernennt den Präsi-
denten des obersten Gerichtshofes, während dessen Mitglieder durch
den Bundestag bestellt werden; er läßt die Urtheile vollstrecken.
In Kriegszeiten hat er die Leitung der Kriegsmacht des Reichs
gemeinsam mit drei Fürsten, von welchen einer stets der König
von Preußen ist, die beiden andern werden vom Bundestag er-
wählt. Mit diesen drei Fürsten liegt auch dem Kaiser ob die
Handhabung des Reglements für die militärische Organisation, die
Heeresformation, die Inspection und Unterhaltung der festen Plätze
u. s. w. In den freien Städten hat der Kaiser das Recht der
Rekrutirung und der Werbung solcher Unterthanen der Fürsten,
die ihren militärischen Verpflichtungen gegen diese nachgekommen
sind. Die Ehrenrechte des Kaisers bestehen im Kaisertitel, seiner
Eigenschaft als erblichem Oberhaupte des Bundes, in der Ausübung der Gesetzgebung und Rechtsprechung in seinem Namen;
er stellt die Accreditive der vom Bundestage zu Unterhandlungen
mit auswärtigen Mächten ernannten Gesandten aus. Sein eigener
Bevollmächtigter beim Bundestage hat den Rang eines kaiserlichen
Commissarius.

„Alexander, so berichtet Pertz,[2]) wohl nach Steins persön-
lichen Mittheilungen, hatte diesen Ausführungen mit Theilnahme
zugehört und sah lebhaft die Nothwendigkeit des Vorschlags ein.
Er äußerte seinen Entschluß, auf dessen Verwirklichung hinzuwirken,

---

[1]) Pertz IV, Beilage 35.
[2]) IV, 333.

sobald er der Zustimmung des Königs von Preußen gewiß sei. Stein bemerkte ihm, der Staatskanzler Hardenberg scheine nicht geneigt, hingegen habe General Knesebeck ganz beigestimmt." Den folgenden Tag (18. Februar.) las er seine Denkschrift auch Alexanders Ministern Rasumofsky und Kapodistrias vor und theilte sie Hardenberg mit.

Man begreift wirklich nicht, wie ein Mann von Steins Verstandesschärfe sich für ein solches Projekt ereifern, wie er von solchen Vorschlägen Heil für das Vaterland erwarten konnte. Mag auch die Aussicht, für den Fall der Annahme des Planes Vertreter des Kaisers bei der Bundesversammlung zu werden und in dieser Stellung für den Ausbau der neuen Reichsverfaßung kräftigst wirken zu können, nicht ohne Einfluß auf sein Vorgehen gewesen sein,[1]) bei ruhigerer Ueberlegung konnte er seine Persönlichkeit doch auch nur als „vorübergehend" betrachten und wer bot ihm eine Garantie für spätere Zeiten? Oesterreich sollte durch die Kaiserkrone in die Verbindung mit Deutschland hineingezwängt werden, nicht um diesem, sondern um sich wesentliche Vortheile zu gewähren. Das hieß das alte System der Habsburger, der Ausbeutung Deutschlands für ihr Hausinteresse, verewigen. Zu diesen, man muß es geradezu sagen, eines Stein unwürdigen Ideen, bildete die Definirung der kaiserlichen Rechte einen entsprechenden Schluß. Glaubte Stein wirklich, daß der Schattenkaiser, den er da construirt hatte, zur Befestigung der Einheit des Vaterlandes dienen könne? Oder daß dem österreichischen Monarchen die politischen Vortheile der Kaiserwürde so überwiegend erschienen, daß er sich ihrethalben zu einer so kläglichen Rolle hergeben würde? Wir möchten Beides bezweifeln. Stein hatte in seiner täglich zunehmenden Misstimmung über die Behandlung der deutschen Frage die Kaiseridee, die, wie wir sahen, gar nicht ihm, sondern Gagern und einer Anzahl kleinstaatlicher Minister ihr neues Auftauchen verdankte, zu der seinigen gemacht, war durch die Intriguen der

---

[1]) Pertz IV, 388.

ruſſiſchen und öſterreichiſchen Politik in ſeinem Vorgehen beſtärkt
worden und hatte ſich nun, wie man zu ſagen pflegt, feſtgerannt.[1])
Das für ſeinen Stolz ſchmerzliche Bewußtſein, freiwillig den Rückzug antreten zu müſſen, ward ihm durch die Erklärungen erſpart,
welche die beiden deutſchen Großmächte wenige Tage nach jenem
Vortrage bei Alexander abgaben.   Den 20. Februar ließ Fürſt
Metternich in einer Unterredung mit dem Grafen Solms ſchon nichts
mehr von der Geneigtheit Oeſterreichs zur Annahme der deutſchen Krone
erkennen, die er acht Tage vorher in der Beſprechung mit Stein an den
Tag gelegt hatte. Er äußerte nunmehr, er könne weder dazu rathen noch
abrathen, in Norddeutſchland ſeien die kleineren Fürſten dafür aber
Preußen dagegen. Mit dieſer Macht werde Oeſterreich im Falle der Annahme in Conflict kommen. Ohnehin, ſetzte er hinzu, und ließ
damit die Gründe deutlich durchſchimmern, aus welchen er allen-
falls für Oeſterreich die Kaiſerkrone gewünſcht hatte, ſei im Norden
ſchon durch das neugeſchaffene Königreich der Niederlande ein
Gegengewicht vorhanden. Im Süden hindere Baiern jede ernſt-
liche Ausübung der Kaiſergewalt, außerdem ſcheine dort viel weniger

---

[1]) So faßt, unſerer Anſicht nach, ganz richtig v. Bernhardi, Geſch. Rußlands
I, 154 dieſe letzten Schritte Steins auf. Conſt. Rößler in der „Zeit-
ſchrift für preuß. Geſchichte und Landeskunde“ IX, 79 meint: „Die Erklärung für dieſe befremdlichen Ideen Steins liegt wohl in einer bekannten
brieflichen Aeußerung desſelben, worin er ſeine Bewunderung über die
unerſchöpfliche Nachhaltigkeit ausſpricht, die Oeſterreich in den wiederholten
Kämpfen mit Napoleon bewieſen habe. (Rößler meint damit wohl den
Brief an Kaiſer Franz, bei Pertz IV, 448). Stein ſcheint neben unter-
geordneten Eindrücken von dem Gedanken befangen worden zu ſein, daß
man eine ſolche unerſchöpfliche Kraft nicht von Deutſchland abwenden
laſſen dürfe, dem er ſammt Preußen offenbar eine geringe Fähigkeit der
Selbſterhaltung zutraute. Er mußte den ſiebenjährigen Krieg und das
Jahr 1813 als Maßzeichen der inneren Volkskraft nicht genügend zu
ſchätzen.“ Wir glauben in unſerer Darſtellung Steins Motive zur Abfaſſung
der merkwürdigen Denkſchrift weit natürlicher aus dem Gang der Begeben-
heiten erklärt zu haben. Ueber den Vorwurf, den ihm Rößler in Betreff
ſeiner Anſchauungen über Preußen macht vgl. den Excurs.

als im Norden der Wunsch nach einer Verfaßung zu herrschen
(d. h. natürlich bei den Fürsten.).

Die Ansicht Metternichs war jedoch im österreichischen Cabinet
keineswegs die allgemeine. Denn der zweite Bevollmächtigte desselben, Freiherr von Wessenberg, erklärte gerade in diesen Tagen
dem Freiherrn von Plessen, seiner Meinung nach sei die Annahme
der Kaiserwürde rathsam für Oesterreich. An dieser Ueberzeugung
hielt er auch, als die Frage längst durch Preußens Widerspruch
entschieden war, noch immer fest.[1]) Aber auch Kaiser Franz
hatte unterdessen eine neue Schwenkung gemacht. Wahrscheinlich
wenig erbaut von den Prärogativen, die Stein und seine Freunde
der neuerstandenen Krone einräumen wollten, vielleicht auch von
der Weigerung des Berliner Hofes überzeugt, dazu unter dem
Einfluße einer specifisch österreichischen Feudalpartei, an deren Spitze
die Grafen Zichy und Ugarte traten,[2]) erklärte er im Widerspruch mit den Zusicherungen, die er im October 1814 der Deputation
der Standesherren gemacht hatte, nun dem Fürsten von Nassau-
Weilburg seine entschiedene Abneigung gegen die Würde. Kurz darauf
erfolgte auch eine officielle Antwort Preußens auf die Steinsche
Denkschrift. Ihr Verfaßer war Wilhelm von Humboldt,
unter den deutschen Staatsmännern des Congresses neben Stein
sicher der hervorragendste. Sein berühmtes vielbesprochenes
Memoire, „sur le rétablissement de la dignité Imperiale en
Allemagne" vom 24. Februar[3]) unterschied sich gleich von vorneherein dadurch vortheilhaft von den Einwänden, die Hardenberg
bis dahin und später gegen ein habsburgisches Kaiserthum vor-
brachte, daß darin das deutsche und nicht das preußische Interesse
in den Vordergrund gestellt wurde. Es nannte die Idee Steins

---

[1]) Pertz IV, 375.
[2]) Pertz a. a. O.
[3]) An diesem Tage erhielt es Stein zum Lesen. Pertz IV, 335. Den Vertretern der Mächte scheint es erst den 3. März überreicht worden zu sein,
an welchem Tage Stein Abschrift davon empfieng. Pertz IV, 344. Text
ebendas. Beilage 39.

4

„spécieuse en théorie" aber unausführbar. Denn, so lautet gleich der erste Paragraph, es ist unmöglich, einem deutschen Kaiser die erforderliche Macht zu geben. Preußen kann sich dem nicht unterwerfen, Baiern und die anderen mächtigeren Fürsten werden es nicht wollen. Ohne diese Macht aber werde der Kaiser keinen hinlänglichen Vortheil von seiner Würde haben oder er werde stets das Interesse seiner Staaten dem Deutschlands vorziehen, was für dieses und die fremden Mächte gefährlich sei. Diese Gefahr erscheine am größten, wenn man die Krone Oester= reich übertrage. Denn dieser Staat habe durch seine jüngste Arron= dirung alle früheren Beziehungen zum Westen Deutschlands ver= loren. Und selbst als er diese durch eigene Besitzungen und seinen Einfluß auf die geistlichen Fürsten noch gehabt habe, sei von ihm stets der Vortheil Deutschlands dem seiner Erblande untergeordnet worden. Man denke nur an den Frieden von Campoformio. Jetzt, wo durch die neue Ländervertheilung Oesterreichs politische In= teressen im Osten Europas und in Italien lägen, sei die Gefahr einer Dienstbarmachung der deutschen Staaten zu seinen Sonder= zwecken noch mehr als zuvor vorhanden. Feindseligkeiten zwischen Oesterreich und Preußen, ein Vasallenverhältnis der Kleinstaaten zum Kaiser, wie seiner Zeit im Rheinbunde zu Frankreich, würden die Folge sein. Dies widerspreche jedoch den Bestimmungen des Pariser Friedens. Die fremden Mächte hätten aber ein offenbares Interesse daran, den Artikel VI des= selben aufrecht zu erhalten, wonach Deutschland einen Bund von unabhängigen Staaten bilden sollte. Denn obschon diese Bestimmung nicht dem Wortlaute nach die Wiederherstellung der Kaiserwürde ausschließe (wie seiner Zeit Münster der Declaration der 31 gegenüber behauptet hatte[2]) so wiße man doch allgemein, daß dieser Ausschluß in der Absicht

---

[1] Les puissances étrangères ont un intérêt evident de maintenir la disposition du traité de Paris, qui veut, que l'Allemagne soit une ligue d'Etats indépendants.

[2] Klüber I, 1, 85.

der Contrahirenden gelegen habe.¹) Die Vortheile, welche ein
Bund ohne Haupt gegenüber einer Kaiserzewalt gewähre, wie sie
unter den gegenwärtigen Machtverhältnissen der deutschen Staaten
überhaupt möglich sei, werden nun ausführlich auseinandergesetzt.
Darunter scheint uns heute im Munde eines preußischen Staats=
mannes besonders der Satz auffallend, daß ein Föderativsystem
seinen Mitgliedern die Möglichkeit gebe, der großen Politik fern
zu bleiben und sich an andere benachbarte Mächte anzu=
schließen oder Neutralität zu behaupten.²) Schließlich spricht
Humboldt die Hoffnung aus, daß eine leicht zu verbeßernde Bun=
desverfaßung mehr dem Geiste unserer aufgeklärten und vorwärts
strebenden Nation entsprechen werde, als ein Kaiserthum, dessen
stabile Politik mit dem Volksgeiste wahrscheinlich bald genug in
Widerspruch gerathen werde. Die Ruhe und Sicherheit Deutsch=
lands und ihr Einfluß auf das europäische Gleichgewicht hänge
stets von der Eintracht zwischen Preußen und Oesterreich ab. Des=
halb müße bei der Gründung einer deutschen Verfaßung Alles ver=
mieden werden, was Uneinigkeit zwischen diesen beiden Mächten erregen
könnte und diese Verfaßung außerdem so gestaltet werden, daß selbst für
den unglücklichen Fall eines Krieges zwischen denselben die Wirkung für
Deutschland und Europa weniger fühlbar werde. Die Kaiserwürde aber
erzeuge schon durch ihre Existenz ein feindseliges Verhältnis zwischen Oe=
sterreich und Preußen und zwinge Deutschland im Falle eines Kampfes
zwischen diesen beiden Mächten sich entweder auf die Seite Oesterreichs
zu stellen oder die Verfaßung zu brechen. Ein Bund dagegen mache
die Beziehungen beider Großstaaten zueinander möglichst sanft und
ungefährlich. Sollte nichtsdestoweniger ein Krieg zwischen ihnen
entstehen, so könne ja Deutschland unter dem Schutze Baierns,
der anderen Mittelstaaten und der fremden Mächte eine
verfaßungsmäßige Neutralität beobachten. Sollte es aber dennoch
in den Kampf hineingerißen werden, so würden sich seine Fürsten

¹) Nous savons tous, que cette exclusion étoit dans l'intention des
parties contractantes.
²) § 8 des Memoires.

wahrscheinlich zwischen beiden Kämpfern t h e i l e n u n d d e r e n
G e w i ch t d a d u r ch f ü r Europa w e n i g e r f u r ch t b a r f e i n.

Deutlicher konnte Preußen nicht sprechen, als es hier sein
geistvollster Vertreter gethan hatte. Das Kaiserprojekt war da=
mit thatsächlich gefallen, die Schritte, welche später noch zu seiner
Verwirklichung geschahen, vollkommen nutzlos. Der größte Theil
der Gründe, die Humboldt dagegen vorgebracht hatte, war
ohne Zweifel durchaus treffend. Die Unmöglichkeit, dem Kaiser
eine factische Macht zu verleihen, die Charakteristik der früheren
und zukünftigen Sonderpolitik Oesterreichs, die Wichtigkeit der
Harmonie Oesterreichs und Preußens für den Frieden Deutsch=
lands und Europas waren mit überzeugender Klarheit dargestellt,
die Unhaltbarkeit des ganzen Projekts unwiderleglich bewiesen.
Um so mehr befremden, ja mit Trauer erfüllen muß es uns, wenn
wir sehen, wie auch der preußische Staatsmann, nicht minder edel
und deutschgesinnt als Stein, an das Interesse des Auslands und
er sogar an das für die deutsche Zerrißenheit appelliren muß.
In der Intention der Unterzeichner des Pariser Friedens lag es also
nicht, daß Deutschland wieder eine einheitliche Spitze erhalte! Und
was sollen wir zu dem achten Paragraphen sagen, worin Anarchie
und die Möglichkeit von Bündnissen deutscher Fürsten mit dem Aus=
lande unter den Vortheilen der Bundesverfaßung aufgezählt wer=
den? Vollends einen großen Theil des Schlußparagraphen können
wir heute mit ungläubigem Lächeln lesen. Im Falle eines Krieges
zwischen Preußen und Oesterreich sollten Baiern, die übrigen
Mittelstaaten und — die fremden Mächte die Schützer der Neu=
tralität der Kleinen sein! Wie es an Lust zu dieser Rolle bei
unserem westlichen Nachbar, selbstverständlich gegen die entsprechen=
den „Compensationen," nicht gefehlt hat, wie aber seine Aner=
bietungen und Interventionsgelüste an der Festigkeit eines deutsch=
gesinnten Königs und seines großen Ministers scheiterten, darüber
haben uns die diplomatischen Enthüllungen aus der Zeit des jüngsten
Kampfes gegen Frankreich genügend aufgeklärt. Auch der Schluß=
gedanke Humboldts ist an die Adresse der fremden Mächte ge=

richtet. „Bei einer losen Bundesverfaßung werden, selbst für den
Fall, daß die kleineren deutschen Staaten in den Kampf hinein-
gezogen werden, diese sich zwischen den Kämpfenden theilen und
so — hier drückt sich Humboldt nur diplomatischer aus — der
Sieger nicht die erste Großmacht Europas werden!"[1]

Nachdem Stein die Denkschrift gelesen hatte, fügte Hardenberg noch einige persönliche Bemerkungen hinzu, die sich indessen
an Gewicht mit den Humboldtschen nicht messen konnten. „Er könne,
so ließ er sich vernehmen,[2] als preußischer Minister nicht in eine
Vermehrung der österreichischen Macht durch die Kaiserwürde ein-
willigen, auch Hannover werde dies nicht thun; Oesterreich habe
ohnehin Neigung zu einer Coalition mit Baiern und Frankreich
gegen Rußland, Preußen und England; er selbst werde in Berlin
Alles gegen sich empören, wenn er Oesterreich einen solchen Einfluß einräume." Auf Steins Bitte um eine Abschrift des Humboldtschen Memoires versprach Hardenberg ihm eine solche, sobald
er es seinem Könige vorgelegt haben werde, drang aber zugleich
sehr in Stein, von seinem Projekte abzustehen, da es nur Ver-
anlaßung zur Eifersucht zwischen Oesterreich und Preußen gebe.

Nach diesen Aeußerungen des österreichischen und preußischen
Cabinets mußte Stein eigentlich seinen Versuch als gescheitert ansehen. Dennoch gab der Unermüdliche die Hoffnung noch nicht
ganz auf. Noch denselben Tag hatte er eine Unterredung mit dem
Herzog von Wellington, dem neuen Vertreter Englands, über
die deutsche Frage und suchte auch diesen für die Wahl eines
Bundesoberhauptes zu gewinnen, allein vergeblich. Der Herzog
hielt unter den obwaltenden Verhältnissen, bei Oesterreichs und
Preußens Weigerung, die Ernennung eines solchen Oberhauptes

---

[1] Eine treffliche Analyse der Denkschrift findet sich bei R. Haym „Wilhelm v. Humboldt" 339 ff. In O. Mejer's Vortrage „Der Freiherr
vom Stein über deutsche Einheit und deutsches Kaiserthum" Rostock 1871
ist S. 76 ihrer Wichtigkeit in der Kaiserfrage zu wenig gedacht.
[2] Pertz IV, 338.

für unmöglich. Damit konnte man, um mit L. Häusser zu reden,[1] die Sache als abgethan betrachten. Hardenberg, aufs Aengstlichste bemüht, Alles zu vermeiden, was zum Conflicte zwischen den beiden deutschen Großmächten führen konnte, verweigerte sogar die Auslieferung der Humboldtschen Denkschrift, obwohl er sie Stein versprochen hatte. Dies veranlaßte Stein durch Wilhelm von Humboldt, der ihm persönlich die Gründe dieser Weigerung mittheilte, den preußischen Staatskanzler ersuchen zu lassen, selbst dem Czaren seinen Widerspruch gegen das Kaiserprojekt begründen zu wollen. Bevor aber die betreffende Audienz stattfand, versuchte es Stein, trotz Allem, was vorhergegangen war, zum letzten Male brieflich Hardenberg umzustimmen. Er gieng in einem vom 27. Februar datirten Briefe[2] so weit, das kaiserliche Ansehen noch in den Jahren 1805 und 1806 unmittelbar vor Auflösung des Reiches „eine wohlthätige, schützende Macht" den Uebergriffen Baierns und der Kleinstaaten gegenüber zu nennen und erklärte dann: „Die Aufstellung einer leitenden Einrichtung des Bundes, mag man ihr nun einen geschichtlichen Namen geben, der soviel Erinnerungen zurückruft, wie der des Kaisers oder einen anderen, einer mit Rechten ausgestatteten und mit bestimmter Verantwortlichkeit beladenen Einrichtung, ist so wesentlich, um einer Versammlung, wie der Bundestag, einen regelmäßigen fortschreitenden Gang zu ertheilen, daß ich die Abwesenheit einer solchen Einrichtung als einen Grund betrachte, wodurch der Bundestag von seiner Geburt an gelähmt sein wird." Zum Schluße kommt er nochmals auf die von Kapodistrias und ihm aufgestellte Behauptung von der Nothwendigkeit Oesterreich durch „Gründe des Vortheils und der Pflicht" an Deutschland zu knüpfen, zurück und ersucht den Staatskanzler in der Audienz bei Alexander darauf Rücksicht zu nehmen.

In der am 2. März stattfindenden Audienz erklärte sich jedoch, wie vorauszusehen war, Hardenberg gegen die Wiederher

[1] Deutsche Geschichte IV, 680.
[2] Bei Pertz IV, 342 ff.

stellung der Kaiserwürde und damit war es mit Alexanders Interesse für diese Angelegenheit vorbei. Es konnte nun nichts mehr
nützen, daß Stein sich aufs Heftigste gegen die Humboldtsche Denkschrift, die er zwei Tage nach der Audienz erhielt, ausssprach. Er
fühlte selbst, daß er jeden Rückhalt verloren habe und beschloß,
über den Verlauf der deutschen Verfaßungsfrage aufs Höchste mis-
gestimmt, den Congreß zu verlaßen. „Ich hoffe, schrieb er im
Anfang März an seine Frau, am 15. abzureisen, und in meine
Familie zurückzutreten, um sie nicht wieder zu verlassen — zu
glücklich diese unbestimmten und schwankenden Verhältnisse zu verlaßen, in denen ich mich seit 1812 befinde."[1]) Allein ein uner-
wartetes Ereignis hielt ihn, so gern er auch abreisen wollte,
wie dies wiederholte briefliche Aeußerungen bekunden, noch über
zwei Monate in Wien zurück. Napoleon hatte Elba verlaßen und war am 1. März an der Südküste Frankreichs gelandet.
Rasch waren ihm Volk und Heer wieder zugefallen, der Riesen-
kampf gegen den Gewaltigen mußte von Neuem beginnen. Die
Kunde von seiner Landung schien anfangs alle Angelegenheiten des
Congresses ins Stocken bringen zu wollen. Doch bald faßte man
sich, vergaß den inneren Zwist und einigte sich zum zweiten Male
gegen den furchtbaren Feind. Während die Heere der Alliirten
sich wiederum gegen Frankreich in Bewegung setzten, ward endlich
die Berathung der deutschen Verfaßung ernstlich in Angriff genommen. Nochmals versuchten die Kleinstaaten eine zustimmende
Erklärung der deutschen Großmächte über die Erneuerung des
Kaiserthums zu erlangen, selbstverständlich ohne Erfolg. An diesem
Schritte, sowie an den nun folgenden Verhandlungen, die schließlich den 8. Juni zur Unterzeichnung der Bundesacte führten, nahm
Stein nicht mehr Theil. Er sah seine Rolle in der deutschen Frage
als ausgespielt an. Den 28. Mai verließ er Wien. Seine Erwartungen von der neuen Verfaßung Deutschlands waren gering,
die Wirklichkeit blieb noch hinter diesen Erwartungen zurück. Hören

---

[1]) Pertz IV, 346.

wir noch sein Urtheil über jenen Vertrag, der 51 Jahre lang die
deutschen Stämme verband, aus einer Denkschrift, die er den
24. Juni 1815 dem russischen Cabinet zu Frankfurt übergab.¹)
Darin sagt er: „Jeder Mann, der sein Vaterland liebt und dessen
Glück und Ruhm wünscht, ist berufen, zu untersuchen, ob der In-
halt dieser Urkunde entspricht der Erwartung der Nation, der
Größe ihrer Anstrengungen, ihrer Leiden, der Thatkraft und Be-
schaffenheit des Geistes, der sie jene zu machen und diese zu er-
tragen in Stand setzte? ob sie in dieser Urkunde die Gewähr ihrer
bürgerlichen und politischen Freiheit findet? ob die dadurch ge-
schaffenen Einrichtungen dem durch die verbündeten Herrscher in
ihren Bekanntmachungen verkündeten Zweck des Krieges entsprechen,
und den Grundsätzen gemäß sind, welche der Kaiser (Alexander)
in seinem politischen Betragen gegenüber den fremden Völkern,
der Schweiz zc. bekundet hat." Und ferner nach einem Rückblick
auf des Czaren nicht erfüllte Versprechungen: „Unsere neuen Ge-
setzgeber haben an die Stelle des alten deutschen Reiches mit
einem Haupte, gesetzgebender Versammlung, Gerichtshöfen, einer
inneren Einrichtung, die ein Ganzes bildete — einen Deutschen
Bund gesetzt, ohne Haupt, ohne Gerichtshöfe, schwach verbunden
für die gemeine Vertheidigung. Die Rechte der Einzelnen sind
durch nichts gesichert als die unbestimmte Erklärung, „daß es
Landstände geben solle"; ohne daß Etwas über deren Befugnisse
festgestellt ist (Art. 13) und durch eine Reihe Grundsätze (Art. 18)
über die Rechte jedes Deutschen, worunter man die Habeas Corpus,
die Abschaffung der Leibeigenschaft ausgelassen hat, und welche
durch keine schützende Einrichtung verbürgt werden."

Die ihm ein halbes Jahr später von Oesterreich angebotene
Präsidentenstelle bei dem Bundestage lehnte er ab, ebenso den
ihm von Preußen angetragenen Gesandtschaftsposten, letzteren ebenso
sehr in dem Bewußtsein, unter den obwaltenden Verhältnissen dem

---

¹) Bei Pertz IV, 444 ff.

Vaterlande in dieser Stellung nichts nützen zu können,[1]) als aus
Antipathie gegen Hardenberg, gegen den er seit seinem Auftreten
zu Wien und in den Verhandlungen, welche dem zweiten Pariser
Frieden vorhergiengen, die größte Verachtung hegte. Zu unter=
suchen, ob sie eine ganz gerechtfertigte war, ist hier nicht der Ort.
Ohne uns zum Lobredner Hardenbergs machen zu wollen, glauben
wir doch mit Sicherheit behaupten zu können, daß kein Historiker,
dessen oberster Grundsatz die Wahrheit ist, den Platz, welchen die=
ser Staatsmann in der Geschichte einzunehmen hat, lediglich nach
den Aeußerungen seines großen Gegners bestimmen wird.

Nach der zweiten Rückkehr aus Paris im Herbste 1815, wo
auch sein Versuch, für Deutschland eine bessere Westgrenze zu er=
langen, scheiterte, kehrte Stein ins Privatleben zurück, das er nun,
seine nur periodische Thätigkeit als westphälischer Landtagsmarschall
von 1826 an abgerechnet, nicht mehr verließ. Trotz seiner „be=
trogenen Hoffnungen von einem nahen besseren Zustande Deutsch=
lands"[2]) erkaltete nie seine warme Theilnahme für alle vaterlän=
dischen Angelegenheiten. Besonnener Fortschritt auf staatlichem
Gebiete war seine Parole. Wir leben, schreibt er im Januar
1818 an seinen Freund und Mitkämpfer Ernst Moritz Arndt[3]), in
einer Zeit des Uebergangs, wir müssen also das
Alte nicht zerstören, sondern es zeitgemäß abän=
dern und uns sowohl den demokratischen Phan=
tasten als den gemietheten Vertheidigern der fürst=
lichen Willkür widersetzen." Von Jahr zu Jahr sah
der Greis mit größerer Freude auf das Emporblühen Preußens,
unter dessen großem Könige einst seine Laufbahn begonnen, dem
er seine besten Mannesjahre gewidmet hatte. In ihm sah er den
Staat der deutschen Zukunft, während er sich von Oesterreich und
dessen Lenkern mehr und mehr abwandte. Ein bestimmtes poli=

---

[1]) Vgl. darüber s. Brief an den Herzog von Dessau bei Pertz V, 25 und
die Selbstbiographie V, Beil. 28, 196.

[2]) Selbstbiographie a. a. O.

[3]) E. M. Arndt, Nothgedrungener Bericht II, 152.

tisches Programm aber hat er nicht hinterlaßen. So glaubt jede Partei, möge sie groß- oder kleindeutsch genannt werden, sich berechtigt, ihn den Ihren zu nennen. Keinen schlagenderen Beweis gibt es für die Größe des Mannes. Er war in Wahrheit des alten Reiches „letzter Ritter." Und der feste Glaube an seines Volkes Zukunft, mit dem er dahingieng, er hat ihn nicht betrogen. Denn als am 9. Juli 1872 an den Ufern der Lahn die dankbare Nachwelt sein Marmorbild enthüllte, da stand an der Spitze der glänzenden Festversammlung der erste Kaiser des neuerstandenen Reiches, der erschienen war, um dem unermüdlichen Kämpfer für die politische Größe und Freiheit unserer Nation seine Huldigung darzubringen, wie er sie wenige Jahre zuvor zu Worms den Manen unseres großen, Stein so geistesverwandten, Reformators dargebracht hatte.

Excurs.

Ueber die Anschauungen Steins in Bezug auf Preußen und Oesterreich während der letzten Zeit seines Lebens.

———

I. **Ferdinand Leutner**, Docent an der Wiener Universität, hat kürzlich in der „Oesterreichischen Wochenschrift für Wissenschaft und Kunst" einen Aufsatz veröffentlicht, der den Titel „**Karl Freiherr vom Stein in Oesterreich**" führt und im Anfange dieses Jahres auch bei Braumüller im Separatabdrucke erschienen ist. An Neuem bringt diese Geschichtsstudie einen bisher noch nicht gedruckten Brief Steins an den Minister Grafen **Stadion**, datirt von Trautenau 13. Januar 1809, der die Verhältnisse darlegt, unter welchen er seine zweite Entlaßung erhielt, und den Bericht Stadions an Kaiser Franz, worin der österreichische Minister sich für Stein verbürgt und den Kaiser ersucht, dem Verbannten seinen Aufenthalt zu Brünn anzuweisen. Beide Schriftstücke sind recht interessant und kann man dem Verfaßer für ihre Publikation nur dankbar sein. Etwas Anderes aber ist es mit der allgemeinen Tendenz seiner Arbeit. Seine „Geschichtsstudie" ist wesentlich eine Polemik gegen die Festrede **Heinrichs von Sybel** bei der Enthüllung des Stein-Denkmals[1]) und vertritt Sybel gegenüber entschieden den großdeutschen Standpunkt in der Auffaßung von Steins deutscher Politik. Ohne daß wir die in der Leutnerschen Studie ausgesprochenen Ansichten einer ausführlichen Kritik unterziehen, mögen hier nur einige vom Verfaßer aufgestellte Behauptungen `Besprechung finden. Aus ihr wird

---

[1]) H. v. Sybel: „Am Denkmal Steins." Festrede, gehalten zu Nassau 9. Juli 1872. Bonn 1872.

denfen wir, zur Genüge hervorgehen, daß Lentners „Berichtigungs-
verfahren," wie er es nennt, in ganz wesentlichen Punkten
selbst gar sehr der Berichtigung bedarf.

In erster Linie erscheint bei Lentner wieder die Behauptung, Steins
zweite Entlaßung sei weniger auf Anbringen Napoleons als durch
die Ränke seiner politischen Gegner erfolgt. Wir wißen recht wohl,
daß diese früher sehr verbreitete Meinung auch heute noch in
manchen Kreisen Anhänger zählt. Hat doch noch jüngst bei Gelegenheit der Kreisordnungsdebatte im Berliner Abgeordnetenhause
sogar Virchow sich zu ihr bekannt! Der Historifer aber, der sich
mit der Geschichte Steins und seiner Zeit beschäftigt, muß wißen,
daß diese Ansicht vor zwei Jahren durch Max Duncker in der
„Zeitschrift für preußische Geschichte und Landeskunde" VIII, 654 ff.
als eine irrige nachgewiesen worden ist. Vgl. auch S. 214 f.
desselben Bandes dieser Zeitschrift. Friedrich Wilhelm III. wich
nur dem Machtgebot Napoleons, als er mit schwerem Herzen
seinen fähigsten Minister entließ. Der indirect gegen den König
in dieser Angelegenheit gerichtete Vorwurf ermangelt somit der
Begründung. Daß Stein selbst in dem Briefe an Stadion die
Feinde seiner Reformen als die Miturheber seines Sturzes be-
zeichnet, wird man der Aufregung, in der er jenen Brief schrieb,
zu Gute halten müßen. Wir sind auch weit entfernt zu leugnen,
daß gegen ihn am Hofe intriguirt worden sei, glauben aber nach
den Ausführungen M. Dunckers, daß der Entschluß des Königs
zu seiner Entlaßung von diesen Intriguen ganz unbeeinflußt war
und lediglich aus Furcht vor den Franzosen erfolgte.

Wenn dann Lentner die Worte Sybels[1]): „Er (Stein) erkannte mit vorausschauender Einsicht schon inmitten des 18. Jahrhunderts den wirklichen deutschen Zukunftsstaat" (d. h. Preußen),
eine „kaum zu rechtfertigende Behauptung" nennt, so mag er in-
sofern Recht behalten, als Sybel gewis statt „inmitten des 18. Jahrhunderts" beßer gesagt hätte „in den Anfängen des 19. Jahr-

[1]) S. 4.

hunderts." Denn die Anschauungen Steins über die Bedeutung
Preußens und Oesterreichs für Deutschland klären sich allerdings
erst in der Zeit nach dem Wiener Congresse, als er die österreichische Politik in ihrem wahren Lichte kennen gelernt hatte. Wir
wundern uns freilich nicht wenig, daß er nach den Proben, die
er von ihr 1813 zu Frankfurt a. M. und während des ersten
französischen Feldzugs empfangen hatte, deren Lentner übrigens mit keiner Silbe gedenkt, während er die russische Friedenspartei, an ihrer Spitze die Kaiserin-
Mutter und den Großfürsten Constantin, ausdrück-
lich erwähnt, noch immer zu Metternich und Oesterreich Vertrauen hegen konnte. Dafür hat er nachher desto gründlicher mit
diesem Staatsmanne und seinem System gebrochen. In der Correspondenz seiner späteren Lebensjahre können wir wenigstens nicht,
wie der Verfaßer (S. 21), entdecken, daß er sich zu Oesterreich
„besonders hingezogen gefühlt" und für deffen Herrscherhaus eine
„unbegrenzte Verehrung" gehegt hätte. Dem Verfaßer scheint,
außer mehreren anderen auf österreichische Verhältnisse bezüg-
lichen Stellen aus Steins Briefwechsel, namentlich das Postscriptum
eines Briefes an Eichhorn vom 3. Januar 1818 unbekannt geblieben zu sein, das Pertz V, 857 mittheilt. Der Oesterreich betreffende Paffus deffelben lautet:

„Der Kayser von Oesterreich weiß, daß sein Volk
mißvergnügt ist über seine Finanzoperation und
sein schlechtes Regierungssystem; er fürchtet stän-
dische Verfassung, er sucht sie bey anderen zu verhindern, weil er besorgt, sie bey sich einführen zu
müssen. Es wird aber wohl kein Preußischer Staatsmann die Oesterreichische Regierungsmaximen zu
seiner Richtschnur wählen, oder auf den Preußischen Staat anwendbar finden; er wird sie nicht in
diesem Land suchen, das alles freye Streben des
menschlichen Geistes durch Piaristen-Erziehung, ge-
heime Polizei, schwerfällige Dienstform, zu unter-

drücken bemüht ist — und dessen Handlungsweise Ew. Hochwohlgeboren im Jahr 1813 und 1814 genau kennen zu lernen Gelegenheit gehabt haben."

Ebenso wenig hat Lentner berücksichtigt, daß die Auslaßungen Steins über Metternich, „seine Individualität und seinen politischen Gang" d. h. über die Jahrzehnte hindurch von diesem Manne repräsentirte österreichische Staatskunst von Gagern in den von ihm veröffentlichten Briefen Steins (Antheil IV) „in mildernder Form" eingeführt sind. Gagern war nämlich, ganz im Gegensatz zu Stein, in seinen späteren Jahren zur Erkenntnis gekommen, daß er Metternich früher ungerecht beurtheilt habe und hatte in dem österreichischen Staatskanzler ein „deutsches Gemüth" erkannt, dem er „Genugthuung zu leisten" habe!! Antheil IV, 170. Difficile est satiram non scribere. Die stärksten Ausfälle des Freiherrn gegen das österreichische System sind also offenbar der Geschichte vorenthalten geblieben! Metternich spricht sich übrigens selbst in einem auch bei Pertz V, Beilage 49, abgedruckten Briefe an Gagern vom 15. März 1833 über diese von dem Verfaßer des „Antheils" vorgenommenen Milderungen aus. Wir freuen uns sehr bei dieser Gelegenheit aus seinem eigenen Munde zu hören, „daß Stein ihn nicht begriffen und dort gesucht habe, wo er nicht stand."

An diesen Proben denken wir gezeigt zu haben, daß die Lentnersche Studie doch nicht so ganz dem Grundsatze der „nüchternen Beurtheilung," die sie in ihrer Einleitung zum obersten Princip des Historikers zu erheben scheint, treu geblieben sein dürfte. Somit erscheint es denn sehr fraglich, ob ihr Motto: „Maluerim veris offendere quam adulando placere" mehr auf Heinrich von Sybel als auf den Kaiserlich Königlichen Universitätsdocenten Dr. Ferdinand Lentner anwendbar ist.

II. Constantin Rößler gibt auf S. 79 seiner Abhandlung: „Eine Denkschrift von Wilhelm von Humboldt über die Behandlung der Angelegenheiten des deutschen Bundes durch Preußen," in der „Zeitschrift für preußische Geschichte und Landestunde" IX, 65 ff., nach dem Vorwurfe, daß Stein Preußen sammt dem übrigen Deutschland ohne Oesterreich eine geringe Fähigkeit der Selbsterhaltung zugetraut habe, (S. oben S. 48 Anm. 1.) noch folgendes Urtheil über den Freiherrn ab: „Er wußte den siebenjährigen Krieg und das Jahr 1813 als Maaß= zeichen der inneren Volkskraft nicht genügend zu schätzen." Hören wir dagegen Stein selbst. In einem Briefe an Gagern vom 1. Mai 1826, worin er sich über den zweiten Theil von dessen „Antheil an der Politik" ausspricht, (Antheil IV, 166 ff.), sagt er über sein Verhalten in der Zeit des Wiener Congresses: „Vor= läufig bemerke ich nur, daß mein Wunsch, Preußen gestärkt und vergrößert zu sehen, nicht aus einer blinden Anhänglichkeit an diesen Staat floß, dessen Fehler mir sehr wohl bekannt waren, sondern aus Ueberzeugung, daß die Zerstückelung Deutschland schwächt, um Nationalehre und Nationalgefühl bringt, es unfähig macht zu einer staatswirthschaftlichen Verwaltung und den Einzel= nen, indem es ihm einen der Hauptträger der Sittlichkeit, die Vaterlandsliebe, entzieht, herabwürdigt. Hierzu kam der dem reichsunmittelbaren Adel angeborne und aus seinem Kampf mit Territorial=Hoheit fließende Haß gegen die Fürsten, die man als Unterdrücker und Usurpatoren ansah; so war es wohl erklärlich, daß ich die Erhebung einer Macht wünschte, die einmal bestand, und mit dem Glanz eines großen politischen Ruhmes umgeben war." Gibt uns Stein so selbst eine Erklärung für seine Anschauungen in früherer Zeit, so können wir noch weniger zweifelhaft sein über seine Ansichten in der späteren Zeit seines Lebens. Denn am 6. Mai 1822 schreibt er an Gagern, der aus seiner Antipathie gegen Preußen und alle von dorther kommenden Neuerungen nie ein Hehl machte: „Die Bitterkeit gegen Preußen scheint mir höchst tadelhaft; die Nicht= preußen sollten doch dankbar sein für den Abglanz, der von dem Ruhm des siebenjährigen Krieges und Befreiungskriegs, so Preußen erworben, auf sie zurückfällt — der die Schlacht von Roßbach und die

Kriecherei vor Napoleon vergessen macht." Antheil IV,
116. Und am 9. Juni desselben Jahres schreibt er an den Freund:
„Ew. Excellenz finden uns getrennt durch Glauben¹) und Preußenthum, das hieße geschieden für Zeit und Ewigkeit." Nachdem er
dann seinen positiven Glauben gegenüber dem Freidenkerthum
Gagerns betont hat, fährt er fort: „Was nun das Preußenthum
betrifft, so finde ich hier 10 Millionen Menschen, die eine politische, militairische, intellektuelle Geschichte und Selbstständigkeit
haben, denen die Vorsehung im 17. und 18. Jahrhundert drei
große Regenten gab, durch die eine große Gegenwart und
der Grund zu einer vielleicht größeren Zukunft
gelegt wurde. — Hierdurch bildete und erhielt
sich in dem Volk selbst, während der Napoleo-
nischen Herrschaft, eine Kraft, ein innerer Unwille,
während die kleineren und mittleren Mächte in Deutschland, und
insbesondere ihr Militair, sich in dieser Nichtswürdigkeit gefielen
und für ihre Aufrechthaltung beharrlich fochten.

Auch jetzt finde ich in der preußischen Verwaltung, trotz großer
Mißgriffe, ein Fortschreiten in geistiger und militairischer Hinsicht.
Die Errichtung zweier großer Universitäten, Berlin und Bonn,
so vieler Gymnasien, der Bau so vieler Festungen, welche Deutschland schützen, die Anschaffung großer Geschütz-, Gewehr- und Mu-
nitionsvorräthe, die Entwickelung einer sehr vollkommen organi-
sirten Streitkraft beweisen dieses in großen Zügen und durch große
Resultate." Weiterhin äußert er sich noch in diesem Briefe in bemerkens-
werther Weise über die allgemeine Wehrpflicht: „Der gute Mann (ein
Vetter Gagerns im ehemaligen Schwedisch-Pommern) klagt über die
Universalität der Militairpflicht, ich halte sie für vortrefflich. Es ist vortrefflich, daß eine Anstalt vorhanden, die in allen den kriegerischen Geist
erhält, die kriegerische Fertigkeit entwickelt, alle an Entbehrung, An-
strengung und Gleichheit des Gehorsams gewöhnt. Anth. IV, 117 ff. Wie

---

¹) Beide Staatsmänner waren Protestanten, Stein ein gläubiger Christ,
Gagern huldigte der Aufklärung.

nad) solchen Aeußerungen Stein heute noch eine Unterschätzung der Bedeutung Preußens vorgeworfen werden kann, ist uns nicht recht verständlich.

III. Schließlich müßen wir noch unser Bedenken zu erkennen geben gegen eine Ausführung O. Mejer's in seinem Vortrage: „Der Freiherr v. Stein über deutsche Einheit und deutsches Kaiser= thum." Rostock 1871. Der Verfaßer nennt darin S. 85 f. die Worte des greisen Stein an Gagern (Brief vom 25. Nov. 1829, Antheil IV, 276) des Freiherrn „politisches Testament im Punkte der deutschen Einheit." Diese Worte lauten: „Ich wünsche nicht für Preußen, sondern für Deutschland eine dichtere, festere, innere Crystallisation, und werde diese Meinung mit in das Grab nehmen, möge andern die Zersplitterung der Na= tionalkraft gefallen, mir nicht." Wenn dann Mejer hinzufügt, diese Worte zeigten „daß er eine festere Crystallisation um den Kernpunkt Preußen im Sinne hatte, eine deutsche Einheit unter Führung der Macht, an deren Gedeihen er deutsche Ver= edelung und Cultur unzertrennlich gekettet hielt", so scheint uns hiermit Stein eine Ansicht von der deutschen Zukunft zugeschrieben zu sein, die er, soweit wir sehen können, schwerlich schon hatte. An ein Deutschland ohne Oesterreich mit preußischer Führung hat Stein, wie wohl schon aus seinem über die Zersplitterung der Nationalität geäußerten Mißfallen hervorgeht, noch nicht gedacht, wenn er auch Preußens kommende Größe voraussah. Die unparteiische Forschung kann ihn daher keiner unserer heutigen Parteien zuweisen.

Waisenhausbuchdruckerei zu Hanau. — Separatabbruck aus dem Programm des Gymnasiums zu Hanau 1873.

www.ingramcontent.com/pod-product-compliance
Lightning Source LLC
Chambersburg PA
CBHW022017080426
42733CB00007B/635